"自我强化"和电商产业集群
形成机制研究

刘 敏 著

中国金融出版社

责任编辑：曹亚豪
责任校对：孙　蕊
责任印制：陈晓川

图书在版编目（CIP）数据

"自我强化"和电商产业集群形成机制研究／刘敏著．—北京：中国金融出版社，2020.11
ISBN 978 - 7 - 5220 - 0899 - 8

Ⅰ.①自…　Ⅱ.①刘…　Ⅲ.①电子商务—产业集群—研究—中国
Ⅳ.①F713.36

中国版本图书馆 CIP 数据核字（2020）第 220936 号

"自我强化"和电商产业集群形成机制研究
"ZIWO QIANGHUA" HE DIANSHANG CHANYE JIQUN XINGCHENG JIZHI YANJIU

出版
发行　中国金融出版社

社址　北京市丰台区益泽路 2 号
市场开发部　（010）66024766，63805472，63439533（传真）
网上书店　http://www.chinafph.com
　　　　　（010）66024766，63372837（传真）
读者服务部　（010）66070833，62568380
邮编　100071
经销　新华书店
印刷　北京九州迅驰文化传媒有限公司
尺寸　169 毫米 × 239 毫米
印张　10.75
字数　135 千
版次　2020 年 11 月第 1 版
印次　2020 年 11 月第 1 次印刷
定价　36.00 元
ISBN 978 - 7 - 5220 - 0899 - 8
如出现印装错误本社负责调换　联系电话（010）63263947

摘　要

本书从布莱恩·阿瑟的自我强化机制出发，通过对江苏省睢宁县和湖北省赤壁市（县级市）两个案例的研究，试图回答两个问题：第一，在一些先行者偶然的选择之后，为何有的县市能够形成自我强化和电商集聚现象，而有的县市却未能形成自我强化和电商集群？在偶然因素被触发之后，影响和推动未来发展的稳定性因素是什么，哪些主体和机制在发挥作用？第二，互联网环境下产业集群的形成机制和传统产业集群的形成机制之间存在哪些差异？

布莱恩·阿瑟指出了自我强化机制在产业集群形成中的作用，并提出促进自我强化机制的四个效应，即规模效应、学习效应、协作效应和适应性预期。本书围绕这四个效应的形成，尝试发展新的分析框架，应用于电商县市案例分析。首先厘清这四个效应的理论基础、影响变量，描述互联网环境下这四个效应的特征，然后分析政府、企业和社会关系等不同主体在四个效应中的作用。

通过运用分析框架对电商县市的发展进行研究，笔者有以下发现：第一，在规模效应的形成过程中，原有产业的发展情况会影响电商产业的转移成本和进入机会。政府对交通、物流等基础设施的投入会通过降低企业固定投入影响新兴产业的规模效应。企业对平台的选择和利用也将影响规模效应的形成。第二，在学习效应的形成过程中，技术学习成本、传播环境、学习主体及互动过程等将影响技术学习效果。技术扩散更多受到企业选择的技术的影响，政府通过开办培训班可以帮助企业跨越较低的技术门槛，社会关系在学习过程中也发挥了重要作用。第三，在协作效应的形成过程中，产业发展红利的出现，将带来多种可能的协作，包括基于亲缘和朋辈群体的社会互助协作，基于市场分工的本地协作和互联网服务协作以及政府政策驱动下的政策协作。第四，适应性预期的形成一方面与本地典型人物有着密切关系，另一方面对于电商集群而言，还受到网络典型的影响。

本书特别关注了互联网情景下自我强化机制的特征。比如，在规模效应中对互联网平台的讨论、在学习效应中对平台规则学习的讨论、在协作效应中对基于互联网的跨地域服务商的讨论，以及在适应性预期中对围绕网络典型和电商模式产生的预期的讨论。上述特征构成了互联网环境下自我强化机制与传统产业集聚机制的差异。

正是由于存在上述差异，对于各个县市而言，如何在发展实体产业的基础上，有效地接入全国性平台，强化对平台规则的学习，与成熟的互联网服务商协作，并且在本地引导形成对电子商务发展模式的预期，是决定一个地区能否成功实现"互联网＋本地产业"的关键。本书关于睢宁、赤壁两个县市的研究为上述结论提供了案例支持。

Abstract

Based on Brian Arthur's self-reinforcing mechanism, this thesis studies two cases in Suining County of Jiangsu Province and Chibi City (county-level city) of Hubei Province, and tries to answer two questions as follows: Firstly, after random choices made by pioneers, why do e-commerce companies realize self-reinforcing and congregate in some counties and cities, but not in others? Apart from accidental triggers, what are the factors that influence and drive the stable development in the future? Which subjects and mechanism are playing a role? Secondly, what are the differences between the formation mechanism of industry clusters in the Internet context and that in the traditonal context?

Brian Arthur highlights the self-reinforcing mechanism during the formation of industry clusters. He also suggests four effects of the self-reinforcing mechanism, i. e. large set-up effects, learning effects, coordination effects, and self-reinforcing expectations effects. Based on the formation of the four effects, this thesis tries to develop a new analytical framework which can be applied to studying cases of e-commerce-driven economies at the county level. Firstly, this thesis clarifies the theoretical basis and the variables that influence the four effects. Secondly, it describes the characteristics of the four effects in the Internet context, and finally, it analyzes the different roles of subjects such as the government, enterprises and social relations in the four effects.

Through studying the two cases under the analysis framework mentioned above, we come to four findings as follows: firstly, during the formation of large set-up effects, the development level of the industries will affect the transfer cost and entry opportunity of e-commerce. Secondly, during the formation of learning effects, the technical learning effect is influenced by technical learning costs, the communication environment, learning subjects and the interactive process. The spread of technologies comes under more influence from the technologies that enterprises have chosen. Through the training courses, the government can help enterprises come over comparatively low technical barriers. Social relations also play an important role in the learning process. Thirdly, during the formation of coordination effects, dividends as a result of industrial development will lead to a variety of collaboration opportunities, including social mutual cooperation based on kinship and peer relations, local cooperation and online service cooperation based on market segment specialization, as well as policy cooperation driven by government policies. Fourthly, the formation of self-reinforcing expectations effects is not only closely related to prominent figures in the local communities, but also influenced by notable online cases especially for e-commerce industry clusters.

This thesis pays special attention to the characteristics of the self-reinforcing mechanism in the Internet context, exploring topics such as Internet platforms in large set-up effects, the learning process of Internet platform rules in learning effects, cross-border Internet-based service providers in coordination effects, and notable online cases and expectations for e-commerce models in self-reinforcing expectations effects. All the characteristics mentioned above constitute the differences between the self-reinforcing mechanism in the Internet context and the traditional industry cluster mechanism.

Just because of the differences mentioned above, for the counties which seek to develop e-commerce, the key to achieving success in building

"Internet + the local economy" is to connect to the national platforms effectively, reinforce the study of platform rules, collaborate with mature Internet service providers, and set the expectations for e-commerce development models in the local communities, on the basis of developing the real economy. This thesis supports the conclusion mentioned above by providing two case studies of Suining and Chibi.

目录

CONTENTS

第一章　导　论 …………………………………………………… 1

　　第一节　问题的提出 ………………………………………… 1

　　第二节　研究的现实意义 …………………………………… 2

　　第三节　研究方法和资料来源 ……………………………… 5

　　第四节　本书结构 …………………………………………… 7

第二章　文献综述 ………………………………………………… 9

　　第一节　关于电商县市发展的研究 ………………………… 9

　　第二节　关于产业集群形成机制的研究 …………………… 18

　　第三节　关于创新扩散与技术传播的研究 ………………… 24

　　第四节　自我强化机制及其相关研究 ……………………… 28

第三章　理论分析框架 …………………………………………… 32

　　第一节　自我强化机制中的多主体行为 …………………… 32

　　第二节　自我强化机制的四个效应 ………………………… 34

　　第三节　互联网情景下的自我强化机制 …………………… 37

第四章　研究背景及案例概况 …………………………………… 40

　　第一节　中国互联网发展背景 ……………………………… 40

第二节　本书案例的基本概况 ⋯⋯⋯⋯⋯⋯⋯⋯⋯ 48

第五章　促使规模效应形成的社会机制 ⋯⋯⋯⋯⋯ 55

第一节　规模效应中需要厘清的问题 ⋯⋯⋯⋯⋯⋯ 55

第二节　原有产业对规模效应的影响 ⋯⋯⋯⋯⋯⋯ 57

第三节　产业内生与政府打造的规模效应 ⋯⋯⋯⋯ 67

第四节　对规模效应的进一步讨论 ⋯⋯⋯⋯⋯⋯⋯ 74

第六章　学习效应的推动作用 ⋯⋯⋯⋯⋯⋯⋯⋯⋯ 80

第一节　学习效应中需要厘清的问题 ⋯⋯⋯⋯⋯⋯ 80

第二节　企业技术选择与学习效应 ⋯⋯⋯⋯⋯⋯⋯ 82

第三节　嵌入社会关系网络的学习行为 ⋯⋯⋯⋯⋯ 88

第四节　作为公共品的培训 ⋯⋯⋯⋯⋯⋯⋯⋯⋯⋯ 93

第五节　对学习效应的进一步讨论 ⋯⋯⋯⋯⋯⋯⋯ 97

第七章　协作效应中的人际网络与互联网 ⋯⋯⋯⋯ 101

第一节　协作效应中需要厘清的问题 ⋯⋯⋯⋯⋯⋯ 101

第二节　围绕红利而产生的协作效应 ⋯⋯⋯⋯⋯⋯ 103

第三节　人际网络促发的协作效应 ⋯⋯⋯⋯⋯⋯⋯ 109

第四节　政绩激励下的政策协作 ⋯⋯⋯⋯⋯⋯⋯⋯ 114

第五节　对协作效应的进一步讨论 ⋯⋯⋯⋯⋯⋯⋯ 119

第八章　适应性预期的形成 ⋯⋯⋯⋯⋯⋯⋯⋯⋯⋯ 122

第一节　适应性预期中需要厘清的问题 ⋯⋯⋯⋯⋯ 122

第二节　人际网络与"典型"的传播 ⋯⋯⋯⋯⋯⋯ 124

第三节　政策激励与媒体报道 ⋯⋯⋯⋯⋯⋯⋯⋯⋯ 132

第四节　对适应性预期的进一步讨论 ⋯⋯⋯⋯⋯⋯ 135

第九章　总结与讨论 ·· 137

　　第一节　自我强化机制中的四个效应 ·············· 137

　　第二节　外部环境协同中的多主体行为 ·········· 140

　　第三节　互联网环境下的产业发展 ·············· 142

　　第四节　研究的不足和展望 ···················· 146

参考文献 ·· 148

图目录

图 2 - 1　2016 年中国各省份淘宝村数量　…………… 11

图 3 - 1　本书的研究路径　………………………… 33

图 3 - 2　四个效应之间的关系　…………………… 37

图 4 - 1　2000—2016 年我国网民数量及其增速变化　………… 41

图 4 - 2　我国网民每周上网时长变化趋势　…………… 42

图 4 - 3　2009—2015 年网络购物用户数及使用率/渗透率　… 43

图 4 - 4　2001—2016 年我国网民的人口构成　………… 44

图 4 - 5　2001—2016 年我国网民人数增长趋势　……… 44

图 4 - 6　2005—2016 年我国网民的职业构成　………… 45

图 4 - 7　2011—2015 年中国电子商务服务业市场规模增长情况　… 47

图 4 - 8　2015 年中国电子商务服务商格局　…………… 48

图 4 - 9　睢宁县沙集镇东风村产业发展脉络　………… 50

图 5 - 1　沙集镇网商数量、网店数量和销售额变化情况　……… 59

图 5 - 2　对原有产业锁定与分散作用的讨论　………… 75

图 5 - 3　传统产业的规模效应和互联网环境下的规模效应　…… 77

图 7 - 1　2011—2015 年睢宁县沙集镇电商相关产业发展情况　…… 105

图 8 - 1　沙集镇主要街道　………………………… 131

图 9 - 1　自我强化机制四个效应的分析框架　………… 137

图 9 - 2　平台和本地产业效应协同示意图　…………… 144

表目录

表 2 - 1　2016 年中国十大淘宝村集群 ⋯⋯⋯⋯⋯⋯⋯⋯ 12

表 3 - 1　关于四个效应不同主体的分析框架 ⋯⋯⋯⋯⋯⋯ 36

表 3 - 2　关于互联网情景下四个效应的描述 ⋯⋯⋯⋯⋯⋯ 39

表 4 - 1　睢宁和赤壁的基本情况 ⋯⋯⋯⋯⋯⋯⋯⋯⋯⋯ 53

表 5 - 1　睢宁县沙集镇被访者从业情况变化 ⋯⋯⋯⋯⋯⋯ 63

表 7 - 1　睢宁县关于电子商务发展的政策 ⋯⋯⋯⋯⋯⋯⋯ 116

表 9 - 1　外部环境中协同问题的三个行动主体的总结 ⋯⋯ 141

表 9 - 2　睢宁和赤壁在互联网环境下四个效应的差异 ⋯⋯ 142

第一章 导 论

第一节 问题的提出

近年来，随着互联网的快速普及和广泛应用，在我国的一些县市，形成了电商集聚发展的现象，并成为当地经济发展的重要力量。总体来看，这些电商县市的发展情况主要分为两类，一类是原先具备产业基础，后来依托已有产业发展电子商务，由实体经营转向网络经营和实体经营并举，由此形成电商集聚发展态势。典型代表有河北清河、浙江义乌等。另一类是原先没有相应的产业基础，由电子商务的应用诱导产业发展，即所谓信息化带动工业化（汪向东，2014）。和前一类电商县市相比，由于缺乏相应的产业基础，第二类电商县市似乎是"无中生有"，由一些先行者的似乎偶然的选择引发，并且以较快的速度发展起来。如江苏睢宁县的家具产业、浙江缙云县的户外用品产业等。

本书关注的主要是后一类电商县市。这些地区怎样从偶然的、"草莽英雄"式的野蛮生长发展到具有一定的集群效应？在电商县市起步的发展阶段，区域具备的哪些先在条件在起作用？和传统产业集群的形成机制相比，电商集群的形成存在哪些特殊性，使得一些看似零基础的县市能够依托电子商务的带动实现产业"从无到有"的发展？互联网的发展在其中扮演了什么样的角色？在连通性大体相当的条件下，为什么有些县市能够"无中生有"和快速发展，而另一些县市则无法实现电商集聚发展的目标？

布莱恩·阿瑟（W. Brian Arthur，1987）在空间经济学和关于产业集聚的研究中提出"自我强化机制"（self-reinforcing mechanisms）一词，其含义是，由于存在收益递增和路径依赖的情况，经济体一开始非社会最优且偶发的选择，经由自我强化机制，成为经济体一类普遍的特征。由此，阿瑟提出了四类可能触发自我强化的效应：规模效应（large set-up or fixed costs）、学习效应（learning effects）、协作效应（coordination effects）和适应性预期（self-reinforcing expectations）。

根据布莱恩·阿瑟的研究，产业集聚现象的形成和发展必然存在自我强化机制的作用。本书的研究并非从抽象意义上讨论递增收益和自我强化问题，而是以自我强化机制的存在为前提，在具体案例中分析电商产业如何集聚，揭示电商集群是在哪些外部环境因素的作用下形成的；在偶然因素被触发之后，影响和推动未来发展的稳定性因素是什么，哪些主体和机制在发挥作用。换言之，我们试图讨论自我强化机制形成的某些机制，具体聚焦以下三个方面：一是从社会学的角度，厘清自我强化能够发挥作用的条件，找出哪些变量在其中发挥了重要作用；二是讨论不同行动者在自我强化机制的四个效应中的作用，主要关注政府、企业和本地的社会关系对四个效应的影响；三是分析在互联网环境下，自我强化机制具有哪些特点，与传统产业的自我强化机制存在哪些差异。

第二节　研究的现实意义

电子商务发展是"互联网+"时代最值得观察和研究的主题之一。对电商县市发展、电商产业集群以及电商与农村社会的融合进行深入研究关系我国信息化、工业化战略选择和农村经济社会发展，具有重要而深远的现实意义。

一、电子商务发展对中国农村经济社会变迁的影响

中国乡镇工业上一阶段的蓬勃发展发生在实行家庭联产承包责任

之后，国内封闭市场和农村改革的成功使乡村的经济发展显著，乡镇企业异军突起，产值突破 1.1 万亿元，让约 1 亿农民就地就业（李孜，2014），乡镇工业的蓬勃发展改变了传统农村的发展面貌。但是 1992 年之后，随着中国对外开放步伐的加快，发展重心重回城市，乡镇企业发展逐渐式微。

当前，互联网应用使我国部分村镇、县市发展再次焕发生机。县市是中国经济发展的基础单元，互联网技术的应用是驱动中国经济增长的最新引擎，二者的融合在当前展现出全新的活力。从全国各地的情况来看，互联网和电子商务在农村的发展不仅对传统产业产生了影响和渗透作用，而且是深刻再造，甚至是催生新的产业。电子商务的赋能影响之深，正在转变着农村经济社会发展的"基因"（阿里巴巴，2015）。以电商县市为调研对象，关注电商产业集群的形成机制和信息化背景下的农村经济社会变迁，是社会学研究的重要主题，具有很强的研究价值。

二、关于数字鸿沟与数字机遇

"数字鸿沟"（digital divide）是指社会中不同群体对互联网设施在可及性（haves or not haves）和使用上（use or not use）的差异①。从世界范围看，"数字鸿沟"是指发达国家与发展中国家之间在信息化基础设施及应用方面存在的差距。从发展中国家看，就是城乡、地区之间存在的信息技术接入环境、应用能力差异及其带来的后续影响。许多研究认为，数字鸿沟的存在是地区差距尤其是城乡差距进一步拉大的重要原因，并对如何缩小乃至消除"数字鸿沟"提出了许多对策和建议。但是，在一些电商县市的发展中我们观察到，信息化也可能成为缩小城乡差距的重

---

① Fabiola Riccardini & Mauro Fazion. Measuring the digital divide [R]. London: IAOS Conference on Official Statistics and the New Economy, August 27 - 29, 2002; Nicoletta Corrocher & Andrea Ordanini. Measuring the digital divide: a framework for the analysis of cross-country differences [J]. *Journal of Information Technology*, 2002 (17): 9 - 19.

要机遇。在互联网基础设施日益普及、连通性条件日益均衡的背景下，在一些大的平台企业，如淘宝、京东等的带动和支撑下，在草根创业者的敏锐捕捉、大胆尝试和政府的积极推动下，部分农村地区正在突破"数字鸿沟"，实现信息化水平和电商产业的同步发展。在阿里研究院公布的淘宝村和县域电商案例中，有不少来自非沿海地区、非经济发达地区、非传统意义上的工业化地区。例如，江苏省最早发现的3个淘宝村并不在相对发达的苏南地区，山东的4个淘宝村不在省会济南或青岛等大城市附近，湖北的恩施、甘肃的成县则在山区。阿里研究院分析发现（阿里巴巴，2014），从2010年开始，县域电子商务从江浙等发达地区的"单极增长"为主，转向华南、华东、华北、华中"多极增长"的新阶段。

在新的技术革命浪潮不断涌动的今天，如何更好地应用信息化手段缩小区域差距，中国农村发展如何借力数字机遇、信息机遇，探索一条不同于工业化阶段的发展道路和模式，这些问题有待于在当前各地的广泛实践中深入研究和思考。

三、关于电商产业集群的形成机制

经济学关于产业集群形成机制的研究认为，影响产业集群形成的主要因素是区域禀赋特征、历史偶然性、运输成本和集聚效应等。形成产业集聚的区域可能具有先在的区位禀赋优势，或者由于历史偶然性在产业集中的早期阶段处于领先地位，形成了集聚经济，吸引更多的同类企业向此地集中。在对电商产业集群的研究中，也能够发现上述因素在不同程度地发挥着作用。但是，电商产业集群的形成也存在着一些不同于传统产业集群的特征，包括：成熟的第三方网络平台为电商产业集群的形成提供了机遇，为远离大城市的县市和村镇创造了连接外部市场的载体，同时为跨地域的产业协作创造了条件；电商模式下的生产销售通常借助信息化手段开展需求分析，进行个性化定制，即所谓以信息化带动工业化；等等。这些因素决定了电商产业集群的形成中，区位因素、资源禀赋因素相对弱化。在互联网应用和电子商务快速发展的背景下，深入分析电商产业集群的形成机制，了解外部环境和不同行动主体对电商集群形成产生的影响，对于运用信息化手段驱动、引领实体产业发展，具有很强的现实意义。

第三节　研究方法和资料来源

一、基本方法

本书的基本方法定位为"存在理论视角的多个案研究"。费孝通在《云南三村》的序言中比较了《江村经济》和《云南三村》在研究方法上的差异，前者是个案解剖，而后者则是基于理论的"有的放矢地去找研究对象，进行观察、分析和比较"（费孝通、张之毅，2006）。由此产生的新的问题，进一步推动研究对象的寻找。

本书沿袭费先生对《云南三村》的研究方法，即依据"自我强化机制"这一理论视角，有的放矢地寻找了两个个案作为理论的验证性讨论，并通过个案来进一步明晰理论的内在逻辑。这一研究方法不同于纯粹描述的、细致的个案研究，在使用材料时，本书只选取了与理论直接相关的材料进行分析；也不同于通过对个案的讨论来产生理论的研究，本书默认自我强化机制是有效的，并且注重对经验材料与理论之间关联部分的分析。

二、个案选择

本书选取江苏省徐州市睢宁县和湖北省咸宁市赤壁市作为研究案例。上述两个县市在国家政策引导下，积极发展电子商务相关产业，地方政府出台了一系列鼓励和支持电子商务发展的政策。不同的是，睢宁县的电子商务发展名列全国前茅，引起社会广泛关注，其下的东风村成为阿里巴巴首批认定的"淘宝村"；赤壁市虽然也大力支持电子商务发展，但成效尚不显著。同样是电子商务行业，前者的家具产业通过自我强化机制迅速发展聚集，而后者却仍未实现相关产业的自我强化。由此展开对自我强化的社会学机制的探讨，从而分析自我强化机制形成的前提条件以及四个效应之间的相互作用。

三、资料搜集

（一）实地调研和访谈法

为了深入分析电商产业集群形成机制，笔者对江苏省睢宁县和湖北省赤壁市分别进行了多次专题调研和访谈。

2014—2017 年，笔者对赤壁市的电子商务发展情况进行了多次专题调研，并对参与当地电子商务发展的相关主体进行了深度访谈。访谈对象包括从事电子商务工作的相关负责人、配合政府推进电子商务发展的企业负责人、阿里巴巴村淘计划的合伙人以及自主创业的网商。通过一系列深度访谈，了解当地电子商务发展情况和面临的问题，积累了丰富的关于当地电子商务发展的一手材料。

2016 年 1 月，笔者结合前期所收集的资料对江苏省睢宁县进行了专题调研。在江苏省睢宁县调研期间，笔者将访谈重点放在沙集镇商户上，包括不同时期进入电子商务行业的 8 名商户，其中包括从 2006 年开始做电子商务的先行者、2008—2012 年进入电子商务行业的早期采纳者和2012—2015 年进入电子商务行业的后期大多数，还包括从电子商务领域退出、专门负责供货的商户。同时，访谈了睢宁县试图发展本地平台的 2家企业，其他村镇中陆续加入电子商务行业的 6 名商户，为深入分析四个效应和商户选择提供依据。此外，笔者还访谈了睢宁县负责电子商务工作的领导以及电子商务发展较好的村中的干部 3 名，为讨论政府在电子商务发展中的作用打下基础。为保护隐私，本书对所有受访者统一采取匿名化处理，书中的多数访谈者姓名为化名。

（二）文献法

笔者对江苏省睢宁县、湖北省赤壁市有关电子商务发展的文献进行了系统搜集和整理，其中包括当地的"十二五"规划、"十三五"规划、政府工作报告、电子商务发展报告、电子商务工作总结、电子商务进农村综合示范县市申报方案及评估报告、当地有关电子商务的政策文件、交通及互联网基础设施发展情况、电商企业发展情况、电商培训方案和培训情况、电商协会章程及发展情况等。这些文献资料翔实地记录了政府对电子商务发展的有关政策和行动策略以及当地电子商务环境的变化。

此外，江苏省睢宁县电子商务的发展还受到全国诸多专家学者的关注，多部著作详尽地记载和分析了当地电子商务发展的基本情况，为本研究提供了丰富的二手参考资料。

第四节　本书结构

本书分为九章。

第一章"导论"，主要介绍本书关注的主要问题、研究的现实意义、研究方法、资料来源及本书结构。

第二章"文献综述"，主要介绍与本书的研究主题相关的理论成果和观点以及本书的研究定位。

第三章"理论分析框架"，主要介绍本书理论分析的切入点和分析思路。

第四章"研究背景及案例概况"，主要描述我国电商县市发展的宏观背景和基本态势以及本书所研究案例的基本概况。

第五章"促使规模效应形成的社会机制",对规模效应的理论基础进行探讨,对互联网情景下的规模效应进行分析,并结合实际案例分别对当地原有产业与"互联网＋产业"之间的关系,以及政府对规模效应的影响进行具体、深入的分析。

第六章"学习效应的推动作用",对促发学习效应的社会机制进行梳理,对互联网情景下的学习效应进行探讨,并结合实际案例研究电商发展过程中,外部环境和不同主体的影响如何强化电商之间的学习效应,帮助其以更快的速度扩展。

第七章"协作效应中的人际网络与互联网",从产业红利外溢和不同主体协作的角度讨论协作效应的形成机制,分析互联网环境下的协作效应,并结合实际案例,研究人际网络与互联网效应的相互影响在电商县市的形成过程中发挥着何种作用。

第八章"适应性预期的形成",从企业的角度讨论强化适应性预期的社会机制,并结合实地调研和案例分析,考察外部环境对企业预期进而对电商集聚效应产生的影响。

第九章"总结与讨论",总结了本研究的理论主张和现实关怀,并指出了本研究的创新和不足之处。

第二章　文献综述

本书研究的主题是"电商产业集聚发展背后的强化机制"，相关的研究成果主要包括四个方面：一是以电商县市和电商村镇为研究对象的文献；二是关于产业集群形成机制的研究；三是对创新扩散的相关研究；四是关于自我强化机制的相关研究。以下分别对这四类研究成果进行简要概括，同时指出本书的定位与以往研究的不同之处。

第一节　关于电商县市发展的研究

一、阿里研究院关于电商村镇和电商县市的描述性研究

阿里巴巴旗下的淘宝网在各大电商平台中起步早、进入门槛低、初始投入少，是网商从事电子商务产业的主要平台。从 2003 年创立到 2014 年的 10 多年间，淘宝网已经发展到拥有注册会员 5 亿以上，日活跃用户超过 1.2 亿，在线商品数量达到 10 亿。正因为目前农村网商主要以淘宝网作为交易平台，以淘宝电商生态系统为依托，人们通常将电商集聚发展的村称为"淘宝村"。

阿里研究院依托阿里巴巴集团的海量数据，对全国电商发展情况进行持续、动态研究。根据阿里研究院的定义①，所谓淘宝村，就是指大量网商聚集在农村，以淘宝为主要交易平台，以淘宝电商生态系统为依托，

---

① 阿里研究院. 中国淘宝村研究报告（2014）[R]. 2014.

形成规模效应和协同效应的网络商业群聚现象。其认定标准包括以下三条:

第一,交易场所、经营场所在农村地区,以行政村为单元;

第二,在交易规模方面,电子商务年交易额达到 1000 万元;

第三,在网商规模方面,本村注册网点数量达到 50 家,或者注册网点数量达到当地家庭户数 10% 以上。

一个镇、乡或街道符合淘宝村标准的行政村大于或等于 3 个,即为"淘宝镇"。在淘宝县市集群化发展趋势日益显著的背景下,阿里研究院基于实地调研和数据分析,进一步提出"淘宝村集群"的概念,"淘宝村集群"① 指的是由 10 个或以上淘宝村连片发展构成的集群,网商、服务商、政府、协会等密切联系、相互作用,电子商务交易额达到或超过 1 亿元。若相邻的淘宝村数量达到或超过 30 个,则称为"大型淘宝村集群"。

根据上述界定,阿里研究院以年度报告的形式对淘宝村镇的发展情况进行动态跟踪和总体描述,其发布的《中国淘宝村研究报告(2016)》显示,中国淘宝村数量呈"井喷式"发展势头,由 2009 年的 3 个发展到 2016 年 8 月的 1311 个,广泛分布在全国 18 个省份。其中,浙江、广东和江苏的淘宝村数量位居全国前三位。与 2015 年相比,在 2016 年新增的淘宝村中,约 72% 源自 38 个淘宝村集群,集群带动效应十分显著。

伴随着淘宝村的发展,淘宝镇也在快速成长和增多,截至 2016 年 8 月底,在全国共发现 135 个淘宝镇。值得关注的是,其中有 2 个镇的所有行政村都是淘宝村,这两个镇分别是江苏省睢宁县沙集镇和宿迁市耿车镇,分别拥有 17 个和 9 个淘宝村。

在关注淘宝村镇总体发展的同时,阿里研究院还对淘宝村镇空间分布和集聚态势进行了研究。其中,在华东的浙江与苏南出现了淘宝村镇

① 阿里研究院. 中国淘宝村研究报告(2015)[R]. 2015.

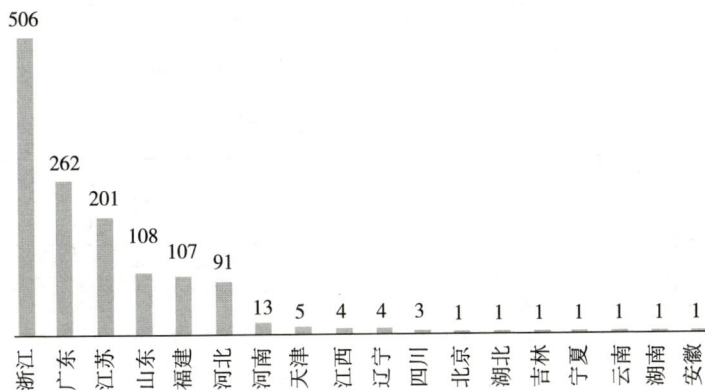

图 2-1　2016 年中国各省份淘宝村数量（单位：个）

（资料来源：《中国淘宝村研究报告（2016）》）

集群发展的格局，且集聚效应不断增强；华南的珠三角和粤东、闽南淘宝村镇呈现团块状发展态势；华北平原也是淘宝村分布较广泛的区域，但和华东、华南相比，分布更为分散、密度较低。

目前，阿里研究院尚未对电商县市进行界定，但是其自 2015 年开始对县域电子商务发展情况进行总体描述和研究，采用"阿里巴巴电子商务发展指数"（aEDI）对县市层面的电商发展情况进行测度，并发布"电商百佳县"榜单。根据阿里研究院发布的《2015 年中国县域电子商务报告》，从 2014 年开始，我国县域电子商务进入"多方协同发展"新阶段，即政府、企业、服务商以及高校、媒体、协会等，多方合力，推动县域电子商务快速发展。此外，阿里研究院还从总体上关注了县市层面的网店销售情况、网商密度、网购密度等方面情况。统计显示，2015 年，在阿里巴巴零售平台上，网店销售额超过 1 亿元的县域（"亿元淘宝县"）超过 350 个，其中位于中西部的超过 120 个。

在对电商村镇和电商县市进行总体描述的同时，2014 年，阿里研究院联合阿里"活水计划"中的 10 多位青年学者，对部分淘宝村镇进行了深入调查和案例研究。样本覆盖浙江、福建、河北、山东、广东等省的近20个淘宝村,对上述淘宝村的发展概况、发展历程和脉络进行了细致的描述性研究,研究成果汇编出版,形成《中国淘宝村》。

表2-1 2016年中国十大淘宝村集群

排名	县(市、区)	省份	淘宝村数量(个)
1	义乌市	浙江	65
2	温岭市	浙江	54
3	曹县	山东	48
3	普宁市	广东	48
5	睢宁县	江苏	40
6	晋江市	福建	32
7	白云区	广东	32
8	番禺区	广东	32
9	沭阳县	江苏	31
10	瑞安市	浙江	30

资料来源:《中国淘宝村研究报告(2016)》。

总体而言,阿里研究院依托自身数据优势和网络优势,长期、动态地对全国电商村镇进行全景式、总体性的描述,为开展深入的案例研究和比较研究提供了重要的总体情况和丰富的背景资料。

二、关于电商县市的模式研究

2010年,中国社会科学院互联网信息研究中心汪向东教授在实地调研的基础上,提出电商村镇发展的"沙集模式",引起广泛关注。汪向东教授认为,在电商集群发展的诸多案例中,沙集模式具有独特性,它以部分农民创业为引领,以成熟的电商平台为依托,以家庭互助为基础,自下而上地利用信息化手段带动实体产业发展和产业链形成。沙集模式的核心是"网络+公司+农户"。其中,农户是主体,公司是基础,网络是龙头。汪向东教授认为,以信息化带动工业化,即依托成熟电商平台带动村镇产业发展的路径值得总结和在全国其他地区推广,以服务于

"三农"问题的解决和农业农村的发展。

继汪向东教授提出"沙集模式"之后，许多学者都对县域电商发展的模式进行了总结和比较。牛禄青（2016）总结了县域电商发展的四种模式。一是"遂昌模式"。他将遂昌的电商发展模式概括为"生产方 + 服务商 + 网络分销商"，认为"遂昌模式"的核心是"服务商"，即以本地电子商务综合服务商作为驱动，促进农业和农产品加工业的电商化发展。其电商服务中心的主要职能包括整合货源、组织分销商群、统一仓储及发货服务等，通过提供综合的、专业化的本地服务提升电商运行效率和竞争力。二是"沙集模式"。他认为沙集的电商发展模式是"农民网商 + 加工业"，即通过网络销售带动家具生产制造和产业链的完善，实现产业从无到有的快速发展。三是"武功模式"。他将武功的电商发展模式概括为"基地 + 公司 + 电商"，认为"武功模式"的核心在于利用当地优越的交通优势、地理位置和物流条件，从推广本地特色农产品起步，扩展到西北多个省份，汇集 30 多类 300 多种特色农产品，成功实现了"买西北、卖全国"的目标，武功因此被称为"西北电商第一县"。四是"清河模式"。他将清河的电商模式概括为"专业市场 + 电子商务"，认为清河与河北白沟、浙江义乌的电商集群发展模式相似，都是以传统产业或者专业市场作为支撑，选择的是"O2O"（线上线下结合）模式，并认为 O2O 模式的优势在于商品供应效率高、单价低、竞争力强。

周长青（2016）在牛禄青总结的四大模式基础上进一步扩展，提出县域电商发展的八大模式。新扩展的四大发展模式包括：一是"通榆模式"。他认为"通榆模式"的核心在于依托专业的电商运营企业，整合农户、生产基地、合作社或农产品加工企业等生产的农产品，注册统一品牌，统一所有农产品的包装、销售和服务，通过第三方平台卖出。他认为"通榆模式"的特点是"生产方 + 电商公司"。与遂昌相比，"通榆模式"未能对当地网商产生显著的带动作用，适合于在电商发展基础薄弱、产品品牌化程度和知名度较低的地域发展。二是"货通天下农商产业联盟"模式。该模式不同于其他以地域命名的模式，是非营利组织打造的大宗农产品交易的电子商务流通模式，特点是"农产品供应商＋联盟＋采购企业"。通过为优质农产品供应商和需求量较大的采购商搭建统一平台，提供以交易为核心的委托采购、招标拍卖、网络结算、物流服务、质量控制、第三方仲裁等综合服务，以会员服务费为主要盈利来源。三是"成县模式"。成县属于甘肃省陇南市，当地农林产品较为丰富，其基本思路是依靠当地资源发展电子商务，政府在电子商务发展过程中发挥引领作用，县委领导通过微博、微信等推广成县核桃，再带动"成县紫皮大蒜""成县蜂蜜""成县巴马香猪肉"等农产品的网络热销，实现了"爆品拉动，多品畅销"。四是"赶街模式"。不同于其他几种专注于网络销售的电商模式，"赶街模式"是帮助农村消费者进行网购的一种模式，由遂昌网商协会创建，其特点是"赶街网＋农村电商代购点＋农户"。赶街网归集了农民生产生活所需的大量商品，由各个村代购点的代购员帮助农民在平台上下单购买，代购员从达成的交易中提取一定比例作为劳务。

罗明等（2016）提出了县域电商三大发展模式，一是一县一品生态经济模式，即依托当地特色产品进行线上线下宣传，塑造县域品牌，以特色产品规模化销售、品牌化建设为路径发展县域电商。例如，成县核桃、五常大米、和田大枣都属于这一类。二是集散地生态经济模式，即利用交通区位和物流便利，集聚电商产业，形成相关产业或产品的集散地，带动电子商务发展，例如，浙江桐庐、山西武功都属于这一类。三是产业链生态经济模式，即多个县区联合，以某类产品为切入点，共同制定产品和服务标准，建设产品溯源体系，进行品牌宣传策划等，打通产业链，带动电商产业发展。例如，河北清河、浙江海宁等都属于这一类。

目前，关于电商发展模式的研究不限于以上几种，但是总体而言具有以下特点：一是对不同县市或者县域电商的组织架构和运作模式进行描述、分析和比较；二是结合各地的发展基础，指出不同模式的特点、优势及其与地方发展特征的契合性，试图总结出适合于同类地区的电商发展经验，对于把握地区差异、谋划各地电商发展战略具有一定的价值和启发。但这些研究概括和提炼的"模式"实际上是不同主体的组合，不外乎生产商、单个网商、综合服务商、农户等主体之间的组合和协作，模式研究主要服务于市场决策、产业发展和政府战略。此外，上述模式概括是关于电商发展的静态分析，不关注模式形成的原因以及推动集群效应形成的机制。

三、关于电商县市的形成与发展

苏州大学魏晶（2012）注意到了电商村镇形成过程中，家庭功能的复兴、邻里之间的产业协作及其对电商集群发展的影响。受到费孝通先生对乡村工业发展背景下"江村经济"案例研究的影响，魏晶以江苏睢宁东风村为研究对象，考察了信息化对农村经济发展的影响。她认为，在互联网和电子商务快速发展的背景下，东风村农民依托第三方企业平台，适应市场对简约家具生产的需要，以家庭为单位组织生产活动，实现了"家庭工厂"即经济功能的复兴。"家庭工厂"具备的特征——生产生活一体化、非正式管理、邻里密切协作等对电商产业形成与发展发挥了重要作用。家庭的经济功能在上一轮乡村工业凋敝之后逐渐弱化，但却在信息化时代得到了充分发挥。

南京大学罗建发（2013）运用行动者网络理论对江苏睢宁县沙集镇东风村的"电商—家具产业集群"的形成与发展进行了研究。他认为，沙集电商集群的形成与三个行动者网络的作用密不可分。第一个行动者网络是指首创者、先行者的创业行为，企业家精神对第一个行动者网络的构建发挥了重要作用。第二个行动者网络是东风村电商—家具产业集群，文化氛围对第二个行动者网络的构建十分关键。第三个行动者网络是将沙集镇和外部世界连接的行动者网络。他认为，"沙集模式"形成的特定条件是东风村积淀的商业氛围、草根创业者的企业家精神、非规范的早期电子商务市场、初期的网络消费者和成熟的第三方交易平台等。

部分学者从电商村镇的发展历程和动力的角度展开研究。刘亚军、储新民（2017）通过对全国 20 个淘宝村的调查和分析，研究其发展规律。认为淘宝村通常经历了"萌芽—裂变式成长—产业集群式发展"三个阶段。在萌芽阶段，当地的商业氛围和创业者的商业直觉十分重要；在裂变式成长阶段，差异化发展、专业化协作和模式创新是关键；在产业集群式发展阶段，产业链条日趋完整，电子商务服务体系不断完善，技术创新成为推动产业发展的根本动力。南京大学王倩（2015）在对多个案例进行调查的基础上，将淘宝村的发展分为四个阶段，即"萌芽—扩散—分工—规范化发展"，认为不同阶段动力机制有所不同。在淘宝村发展的萌芽阶段，区位因素和少数创业者的创新行为最为关键；在扩散阶段，农村的熟人社会网络、创业者的知识分享及跟随者的收益预期对淘宝村的发展起到重要作用；在分工阶段，淘宝村的发展主要受到协作因素和规模经济的推动；在规范化发展阶段，淘宝村通常面临同质化竞争和产业升级的问题，为了突破发展瓶颈，需要致力于产品创新和规范化管理。王倩认为，与传统产业集群相比，淘宝村发展的主要差异在于农村熟人社会和电子商务平台的推动。前者有利于知识的扩散和农民网商的集聚发展，后者则提供了低成本、低风险、对接大市场的创业平台。

还有一些学者从空间的角度研究了电商村镇的集聚特征和影响因素。朱邦耀等（2016）从地理学视角对全国淘宝村的空间分布特征进行了研究，采用空间数据挖掘、邻近距离法、核密度分析等，考察了不同空间尺度下的电商集群特征。结果显示，淘宝村的分布具有地域性和多中心特征，不同区域、省域之间分布很不平衡，东部沿海地区的集聚效应显著大于西部地区。上述集聚特征的形成，是由于受到当地已有商业文化传统、产业发展基础及邻近区域的示范和协同效应的综合影响。杨思等（2016）从空间的角度对电商产业集群的产生和发展给村庄格局带来的变化进行了研究。具体以广州市里仁洞村为案例，分析了该村从 20 世纪 90 年代以来的空间形态变化。他们认为电商产业的发展使里仁洞村的空间不断扩展，形成"中心村—自然村"的"核心—边缘"结构，呈现出"就近扩展—近距离扩展—较远距离扩展"的发展态势，改变了传统乡村单一、分散的空间形态，形成"多元混合、功能集聚、前店后厂"的水平空间特征和"独栋建筑产业多样化"的垂直空间特征。

上述研究分析了区域特征、不同行动主体以及社会关系网络等因素在淘宝村形成和发展过程中的作用，部分学者将淘宝村发展阶段与形成机制、空间分布结合起来分析，深化了关于电商产业集群形成的认识。但是没有深入分析不同行动主体对产业集群形成的影响过程及不同因素之间的相互关系，没有深入分析电商集群形成机制与传统产业集群的主要差异，本书的研究试图通过深入的案例分析和比较研究，对上述问题进行探讨。

四、总结与评论

由于电商县市还属于新生事物，相关的学术研究刚刚起步，已有的描述性研究为本书的研究提供了较为丰富的研究素材，并为接下来的案例选择提供了参考。在模式总结上，已有文献也注意到了不同行动主体的作用与影响。

在对电子商务模式的讨论中，虽然研究者根据各地的资料总结出了多种发展类型，为此后的研究指出了一个经验性的方向，也为跨空间的案例比较提供了丰富的素材，但是在研究中仍旧可能存在以下问题：首先，研究的模式总结有类型学的意图，但类型总结是来自经验而不是理论推导，这就模糊了类型的内涵与外延，无助于进一步的理论讨论。其次，模式的提出是结果导向而不是过程导向的，这种对案例的经验总结式讨论忽略了对案例发展过程的讨论，使得在实践过程中，对案例的复制比较困难，对过程的忽略也使得我们难以从模式中看到各方博弈的过程，而只有案例成功的结果。最后，已有研究虽然注意到了在不同地区的发展中行动主体间的差异问题，但是却没有进一步对行动主体间的关系以及与主体有关的发展机制进行讨论。在关于淘宝村形成和发展的研究中，也未结合电商产业集群特点，深入分析不同行动主体的影响及不同因素之间的相互关系。

与上述研究不同，本书重点关注案例发展的过程，以自我强化机制为线索，以对四个效应的分析为研究框架，着重讨论了两个"无中生有"的案例，这两个案例的发展基础类似，但是睢宁县电商发展形成了显著的集聚效应，而赤壁市的电商发展尚未形成集聚效应，由此形成可以比较的基础，特别是对睢宁县的已有研究相对较为丰富，具备对话的基础。

第二节　关于产业集群形成机制的研究

本书关注的是电商产业集群的形成机制，其与传统产业集群的集聚机制有许多共通之处，而报酬递增又是产业集群研究中的基本命题，自我强化机制的讨论正是来自对产业集群的讨论。本书的研究既从前人研究中得到许多启示，又尝试进行一些新的探索。

一、产业集群的概念

虽然产业集群的概念已经存在于早期经济学家的思想中，但是产业集群的正式定义是由迈克尔·波特（M. Porter, 1990）在《国家竞争优势》一书中提出的。他认为，产业集群是某特定产业的企业和机构聚集在一定的区域范围内形成的具有竞争优势的、相对稳定的集合体。它们同处于某一区域特定的产业领域，因为具有共同性或者互补性而联系在一起。聚集体内不仅包括相互关联的企业、专业的供货商、服务供应商和相关产业的企业，还包括政府和其他相关机构，如大学、规则制定机构、智囊团、职业培训机构以及行业协会等（M. Porter, 2000）。他从竞争优势理论出发，强调的是产业集群与竞争力之间的关系，认为产业集群的商业环境是企业、区域乃至国家汲取竞争力的源泉。不同研究者关于产业集群的定义虽然有所差别，但都突出了产业集群所具有的三大特征：一是企业空间集聚性，即企业在地理上距离较近、空间上相对集中；二是企业的数量达到一定规模；三是区域内的企业相互联系，业务相近或者形成协作关系，使得区域内的关系网络不断扩展，集聚效应不断增强。

二、产业集群的形成

（一）马歇尔的产业区理论

马歇尔（1890）在其经典著作《经济学原理》中描述了"专门工业集中于特定的地方"的现象，并将其称为"产业区"（industrial district）。他对产业区或产业集聚的原因进行了论述，认为外部经济与规模经济（scale economics）是产生集聚的直接动因。作为与大企业对应的组织模式，产业区所集中的是大量性质相似的小型企业。马歇尔认为，这些性质相似的小型企业之所以在工业区内聚集，最初的原因是"自然条件"和"宫廷的奖掖"[①]，但在工业化时期，企业聚集的最大动因在于追求外部规模经济。

他认为，外部规模经济可以给集群内部企业带来多方面的好处：首先，企业的地理集中有利于知识的外溢和共享，知识、信息、技能在集群内部的传播使得企业共同受益。在当时的条件下，信息传播在很大程度上受到距离的影响，所以知识的近距离共享比远距离传播更便捷。"从事类似行业、需要同样技能的人，彼此之间就近得到的收获和利益是很

---

① 所谓"宫廷的奖掖"指的是聚集在宫廷的富人需要特别高级品质的货物，这就吸引了熟练的工人远道而来，从而形成了当地的熟练劳动力市场（马歇尔，1890）。

大的。行业之间的秘密不再成为秘密，而是公开的知识，孩子们无形之中分享了许多知识和技巧。优良的工作受到认可，机械制造方法和企业的一般发明和改良之成绩得到迅速地研究和传播：一个人有了新思想，很快能为他人所采纳并与其他人的意见相结合，从而成为更新的思想源泉"（马歇尔，1890）。其次，企业聚集有利于辅助性工具的共享，提高机械的利用率。辅助性工业使用高度专业化的机械，如果能为大量邻近企业提供专门服务，比起各个企业购买高价机械或自行生产辅助产品，更加经济和专业。最后，企业聚集有助于专业化人才市场的建设，集聚大量潜在的劳动力需求和劳动力供应，从而降低劳动力短缺的可能性，并确保工人较低的失业概率。"雇主们会到有专门技能的优良工人的地方去，寻找职业的人也会到许多雇主需要像他们那样的技能的地方去，于是技能在那里就会有良好的市场，一个孤立的工厂主即使能获得大量的劳动供给，也往往会因为缺少某种专门技能的劳动力而束手无策；而熟练的工人如果被解雇，也不易有别的办法"（马歇尔，1964）。这种潜在的供需关系反过来又可以加强既有的产业集聚。

马歇尔关于规模经济对产业集聚的影响和判断具有很强的开创性，并且，他注意到产业集聚是一个企业逐步增加、各类要素不断优化配置的动态过程。直到今天，对推动产业集聚的力量的研究在根源上都来自以上有关方面。但是，他只论述了集中生产的优势，并未阐明外部规模经济的最初来源，且对规模经济之外其他因素、其他机制的探索较少涉及，没有注意到不同的地区，产业集聚的程度和持续性是不同的。

（二）韦伯的区位选择理论

阿尔弗雷德·韦伯在《工业区位论》中首次提出集聚概念，并创立了工业区位选择理论。他从微观层面研究企业区位选择问题，认为集聚是自下而上产生的，是通过企业对集聚好处的追求和收益比较自发形成的。对企业而言，成本最小化的区位就是最佳选择，而企业的空间聚集能够使企业节约成本。

韦伯将影响工业区位的经济因素分为区域因素和位置因素。影响区域因素的主要是企业的一系列成本（包括土地成本、固定资产成本、运输成本、劳动力成本、原材料成本等），其中最主要的是运输成本。在原料产地和市场所在地既定的情况下，厂商将在运输成本最低的地方定位。韦伯认为，除了区域因素以外，影响工业区位的其他因素主要是集聚因素（agglomerative factors）和分散因素（deglomerative factors）。工业生产的集中带来生产成本的节约，但过度集聚会引起地租上涨，从而产生分散化的趋势。企业为了追求集聚所节约的费用而进行迁移，只有当迁移所增加的运费小于或等于迁移后节约的成本时，集聚才有可能发生。他认为，产业集聚可分为两个阶段，第一阶段是企业自身的简单规模扩张带来的产业集中化，这是初级阶段；第二阶段是多个企业通过相互联系的方式集中于某一区域，实现地方工业化，这是高级阶段，也就是形成了产业集群。影响高级阶段的集聚因素包括技术设备的发展、劳动力组织的发展、经常性的开支成本及市场化因素等。其中，市场化因素是最重要的因素。

韦伯主要从成本最小化的角度研究单个企业的区位决策问题，主要考查和企业成本相关的运输成本等区位因素，他关注的基本上都是静态的因素，没有考虑到组织环境中不同主体的影响，以及在产业集聚过程中不同机制的作用。

三、递增收益与经济地理

克鲁格曼从国际贸易的角度发现了产业空间聚集问题，并于 1991 年和 1995 年先后出版了《地理和贸易》《发展、地理和经济理论》，将空间因素引入新古典经济学框架内，开拓了一个研究经济聚集的新领域——新经济地理学。在新古典经济学主流模型中，没有考虑生产的空间聚集，但是令克鲁格曼感兴趣的问题恰恰在于：为什么以及在什么条件下，生产会集中在某些区域而不是另一些区域？他试图通过修正经济学传统模型来解答上述问题。

克鲁格曼的基本观点是，经济活动的聚集或者分散取决于促使产业集中的向心力和削弱产业集中度的离心力谁占主导，向心力包括市场的规模效应、充足的劳动力和纯外部经济性，离心力则包括要素的低流动性、地租和纯外部非经济性。为此，他将规模报酬递增、不完全竞争和多重均衡引入主流经济学，建立了中心—外围模型、历史和预期模型以及区域专业化模型。其中，最核心的是"中心—外围模型"（Core-PeriPhery Model，CP模型）（Krugman，1991）。该模型假定经济中存在两个地区和两个部门，两个地区初始条件（主要指技术、偏好）相同，两个部门分别是农业和工业两大部门，工业部门规模报酬递增同时存在垄断竞争，农业部门规模报酬不变且完全竞争，农民和工人分别从事农产品和工业品的生产，农产品同质化且没有运输成本，农民不可以在地区之间流动，因此不同地区之间的农民收益相同。工人可以在地区之间流动且工业品存在固定比率的运输成本，追求利润最大化的企业为了降低运输成本同时实现规模经济，倾向于靠近消费市场进行产品的生产。随着运输成本降低和规模收益递增，本地生产的专业化分工程度不断提高，将产生正反馈（positive feedback）效应，使得该地区的工业份额越来越大，企业能够支付的工资对工人更具有吸引力，促使该地区市场容量进一步扩大，越来越多的企业和工人进入该地区。在这个过程中，不同地区之间平衡的经济结构被打破，产业和企业群在特定区域逐渐集聚，形成区域发展的"中心—外围"结构。在后来的扩展模型中，克鲁格曼进一步分析了历史偶然性导致的"路径依赖"，认为不同的历史条件和偶然因素影响了产业集聚的可能性，起始条件的不同，经过自我强化机制（self-reinforce）的作用，可能对区域发展产生锁定（lock-in）。从这个意义上看，集聚的产业和区位都具有"历史依赖"性。

在此后的研究中，基于上述模型，一些研究者将模型的假定条件放松，进一步探讨了模型的可能情况。比如 Baldwin 和 Forslid（2000）将产品创新和资金因素引入模型中，上述因素影响了产业的长期增长，进而将原本静态的 CP 模型改造为可动态讨论的模型；之后，Baldwin（2001）引入了工人的前瞻预期，放松了工人移动的行为假定，在这一模型中，工人不仅会依据当前工资进行迁移，还会根据对将来工资的预期进行移动。Lanaspa 等（2001）则在模型中添加了新的行动者，将公共部门引入其中，公共部门决定的税收负担水平和公共管理效率直接影响了产业的发展情况；还有研究者对连续时间的假定进行了进一步探讨（Currie 和 Kubin，2003）。

四、总结与评论

产业集群理论或者说经济地理的一个基本问题是，如果假设规模报酬不变，为什么经济不是以"后院资本主义"（backyard capitalism）的形式为主要特征，在后院资本主义中，每个家庭或小团体自己进行生产足矣（藤田昌久等，2013）。因此，整体学科的解释脉络都围绕着人口与经济活动的集中现象来讨论。

自马歇尔创造性地提出三重分类法以来（Marshall，1920），经济地理学就围绕着上述三个命题进行了相应的经验材料和模型的补充，以克鲁格曼、藤田昌久为代表的空间经济学研究者还通过建模模拟的方式，讨论了关联效应、报酬递增和竞争市场之间的关系。

正是因为上述理论假设，在实际的理论讨论中可能存在以下可以进一步分析的问题：首先，在空间经济学的理论讨论中，由于报酬递增来源于规模的集聚，因而空间经济学中的产业发展在一定程度上等同于产业的集聚，而在现实情况中，产业的发展形式不一定需要通过集聚来完成。其次，在已有的研究中，大多强调的是实体产业的集聚，但是在互联网的影响下，一些产业，特别是消费、销售端的集聚发生在互联网上，物流的便利性也使得运输成本的影响逐渐减弱。因此对互联网环境下的

"集聚"问题需要进一步讨论，目前的研究主要集中于传统的产业集群，对电子商务类产业集群的形成机制还较少涉及。互联网的发展和电子商务平台的出现如何促进产业集群的形成？这一类产业集群的形成机制与传统的产业集群存在哪些不同？这些问题亟须相关研究来解答。再次，虽然之后的研究注意到了公共部门在产业发展中的作用，但是对公共部门影响的讨论还不够充分。最后，这类研究着重于对产业整体发展进行分析，而对特定行业的微观互动机制讨论较少，有待进一步深入。

第三节　关于创新扩散与技术传播的研究

电子商务技术在农村的应用与自 20 世纪中叶开始的创新研究中的技术应用有诸多相似之处。早期对创新扩散趋势的研究重点关注的是创新的基本趋势，随着研究的发展，研究者开始关注不同类型的行动者在创新过程中所扮演的角色差异，以及本地环境中的各种因素对创新的影响。在自我强化机制形成的过程中，技术的传播是强化得以实现的关键因素，因此对技术传播的考察有必要纳入本书的研究中。

一、创新扩散的基本趋势与行动者类型

对创新扩散基本趋势的经典研究来自 Ryan 和 Gross（1943）对爱荷华州杂交玉米技术传播的讨论，他们观察到在创新扩散的早期，人们对创新的抵触情绪较大，当创新扩散发展到一个临界值时，这一抵触情绪也随之消散了，由此开始的是创新的快速扩散。基于上述经验事实结合数据，Ryan 和 Gross 总结出，从传播人数的分布来看，创新过程呈现两个特点，一是累计传播人数呈"S 形曲线"分布，二是每个时间点的传播人数呈正态分布。

对于上述基本趋势的讨论得到了学术界的普遍认可，有相当多的研究为 S 形曲线提供了更加丰富的材料佐证和数理支持（Dimit，1954；

Beal 和 Rogers，1957；Rogers 和 Beal，1958；Hamblin 等，1973）。当然，上述理论并不是认为每个技术的传播都会遵循 S 形曲线，比如创新的性质属于禁忌之列，或是创新只适用于特殊的群体（埃弗雷特·罗杰斯，2002），但由此引申出了对创新采纳者进行分类的讨论，有助于研究者进一步剖析创新过程中人的作用。罗杰斯（2002）根据采纳者平均数 $\bar{x}$ 和标准差 sd 将标准正态分布的传播人数分为五类，从 0 到 $\bar{x}-2sd$ 部分为创新者，占总数的 2.5%，$\bar{x}-2sd$ 到 $\bar{x}-sd$ 部分为早期采纳者，占总数的 13.5%，$\bar{x}-sd$ 到 $\bar{x}$ 部分为早期大多数，$\bar{x}$ 到 $\bar{x}+sd$ 部分为后期大多数，这两个部分各占总数的 34%，最后的 $\bar{x}+sd$ 到技术扩散结束部分为落后者，占总数的 16%。这一分类刻画出一个标准的技术传播周期中人群的分类。罗杰斯还对不同人群的行为偏好进行了简要的论述，如创新者往往具有冒险精神，是风险偏好者，早期采纳者常常是社区中受人尊敬，对技术的传播有较长思考期的早期大多数，对技术持怀疑态度的则是后期大多数，以及墨守传统的落后者。

　　由此，研究者进一步追问，是什么原因导致了人群的分类。最为常见的结论是对潜在采纳者社会经济地位的讨论，通常认为社会经济状况每提高一个单位，个体的创新程度也会相应地成比例上升（埃弗雷特·罗杰斯，2002），比如从避孕技术的传播来看，上流社会率先采用了避孕措施，这一点从不同社会经济地位家庭的孩子数中可以看出（Rogers，1973）。但是个体的创新程度和经济地位之间不是单纯的线性相关，总体来说，经济地位越高，创新的接受程度越高，但是那些经济地位较高的人反而会比一部分经济地位较低的人更不愿意创新，由此，在线性函数的中间出现了波折，这一波折被称为"肯辛斜坡"现象（Cancian，1967）。也有研究者注意到了个体其他特征与创新程度的关系，比如 Rogers 和 Lynne（1969）的研究表明，在传统的哥伦比亚农村，创新者每年要进行 30 次的旅行，相比而言，创新中的落后者平均每年只有 0.3 次。

　　但是，一些研究者也注意到，仅仅通过特征变量和是否创新进行关联并不足以解释创新的过程，Acheson 和 Reiman（1982）将创新扩散的群体和待扩散的技术特征结合起来进行讨论，并认为个体采纳创新的意愿主要基于这一创新是否能够解决该个体当前所面对的问题；Dewees 和 Hawkes（1988）则更进一步将待扩散的技术操作化为可感知的创新性质，从不同维度的创新性质上推论该创新更加容易在哪一类型的群体中扩散。上述研究极大地丰富了对创新扩散的讨论。

二、创新扩散中的关键变量

上文讨论了在创新过程中创新主体的属性对技术的影响，在扩散研究中的另一部分研究者则主要关注创新的通道对创新的影响，换言之，这一派研究者更加关注的是创新的速率问题，以及哪些变量能够加快或阻碍创新扩散的过程。

研究者首先注意到的是人际关系在传播过程中的重要性，Ryan 和 Gross（1943）在研究爱荷华州杂交玉米技术传播时，就已经猜想了人际关系网络在其中发挥着重要作用。Menzel 和 Katz（1955）在对医院药品传播的研究中，运用网络关系图的方法证明了在技术传播过程中，社会关系是信息传递的重要通道。两年之后，Coleman 和上述两人（1957）延续了这一研究，从社会网络分析的角度，将不同个体视为同一个网络结构中的节点，并区分了节点与节点之间边的性质（咨询关系、讨论伙伴和朋友）在不同时间对创新的影响（前期靠咨询关系和伙伴关系传播，中后期靠朋友关系传播），提及了正式关系的边在应对不确定性时的作用，还从网络结构位置的角度讨论了不同节点在创新过程中受影响的时间（嵌入网络中的节点和相对独立的节点分别平均需要 4 个月和 6 个月能接受新的药物技术），这一研究基本确定了从社会网络的角度来讨论创新的基本架构，其结论得到了多数研究者的佐证（Rogers，1958；Carlson，1965）。人际关系网络在新技术传播中的作用成了学者的基本共识。

在控制了社会关系网络的结构之后，另一些变量也逐渐被研究者关注到，首先是对其他传播渠道的研究，比如 Deutschmann 和 Danielson（1960）对当时还较为新鲜的新闻报纸等媒体技术在新技术传播中的作用进行了讨论，Katz 和 Lazarsfeld（1955）讨论了在 20 世纪 40～50 年代被看作"改变大众行为方式的有力工具"的新兴大众媒体的作用。不过此后的研究中，研究者（Lazarsfeld 和 Menzel，1963）发现大众媒体的影响逐渐式微，相较于大众媒体，人们更容易受到面对面互动对象的影响。其次是代理人的偏好、能力问题。Niehoff（1964）在东南亚的研究发现，当政府的创新代理机构放权给村中领导自行决定建设的项目时，半数建筑项目都是佛教寺院，这与一开始的建设学校、公路等公共设施的设想完全背道而驰。Huntigton 等（1990）的研究发现，如果创新代理人的情感共鸣能力较强的话，那么创新技术的推广也会更加成功。最后，也有研究者使用了 Granovetter 和 Soong 提出的门槛值概念，讨论了创新中自我强化机制的关键大多数（critical mass）的影响。Allen（1983）的研究表明，行动者会受到周围人群的直接影响，进而改变自己的行为，这一改变又同时影响了周围还未改变的行动者，Markus（1987）的研究则敏锐地指出当用户不愿意创新时，这一行为会潜在地提高其他行动者创新的采纳成本，从而加剧创新不被采纳的程度，反之则相反。这一逻辑和本研究着重讨论的自我强化机制的逻辑有诸多相似之处。

三、总结与讨论

对创新扩散的讨论为本书提供了丰富且可供借鉴的变量，在对自我强化机制的分析中，本书将社会关系作为重要的变量纳入其中，考察社会关系网络对自我强化机制的四个效应的影响。

需要注意的是，技术创新的传播仅仅是产业发展中的一环。与创新扩散研究的关注点不同，本书主要关注产业的发展机制，也就需要进一步在产业发展的框架下讨论一种创新是如何维持的。在创新扩散的研究中，研究的终点往往是这一技术停止扩散或达到扩散的饱和点，而对技术的更迭过程并没有太多关注。本书在吸收上述研究提出的重要变量之后，将研究关注点放在技术传播前的更迭阶段和技术传播后的维持阶段，可以作为上述研究的补充。

第四节　自我强化机制及其相关研究

一、布莱恩·阿瑟关于自我强化机制的论述

新古典经济学的基本假设之一是边际收益递减，即假定其他生产要素投入量保持不变，连续增加一个单位可变要素的投入量将使得产出量的增量出现递减的趋势。但是收益递减规律并不总是成立，因为这意味着经济中只有唯一的均衡点，然而根据广为人知的一般均衡和博弈论，即使在最温和的假定下，多个均衡解或者均衡的不确定性也常常出现在经济学家所研究的问题中。随着技术的日新月异，收益递减规律的前提假设——技术不变受到挑战，经济学界对递增收益的接纳在逐渐增加。19 世纪 80 年代的几年间，经济学中关于收益递增现象的研究大量出现。非凸性（nonconvexities）和正反馈机制已是现代国际贸易理论、增长理论、技术经济学、产业组织、宏观经济学、区域经济学、发展经济学及政治经济学等诸多学科研究的主要议题。从保罗·罗默（Paul M. Romer，1986）应用收益递增解释长期的经济增长，到克鲁格曼（Paul R. Krug-man，1990）关于收益递增条件下产业集群形成的研究，再到布莱恩·阿瑟（W. Brian Arthur，1994）对收益递增和自我强化机制进行分析，经济学家越来越多地用收益递增规律解释经济生活中的现象。

布莱恩·阿瑟（W. Brian Arthur）认为，在资源依存性部门（农业或制造业）至今还可以使用报酬递减法则，但在知识和技术密集型部门则存在报酬递增现象。如果某一企业运用先进技术生产产品，将会有越来越多的人使用该产品，这就会使生产企业持续积累运用该技术的经验，

并在此基础上不断对其进行升级。也就是说，一旦某种技术早期被采纳，随后使用该技术的人会变得越来越多，这就被称为正反馈过程（positive feedbacks）和自我强化机制（self-reinforcing）。值得关注的是，在产生报酬递增现象的情况下，不但尖端技术产品的生产成本会降低，而且其收益也会相应增加。换言之，如果某种特定技术产品占有一定的市场份额，由于使用其技术可以获得各种连锁效果（比如，容易购买相关零部件和后续产品的衔接等），人们将倾向于购买该产品。之所以产生上述现象是因为新技术的采用具有收益递增的性质，它被应用得越广泛，收益率就越高，其地位就越巩固；反过来，它的地位越巩固，也就被应用得越广泛。这种良性循环使得它在市场上的地位很难被取代。那么，特定品牌是如何占据市场统治地位的呢？对此，阿瑟强调"偶然性"，即几个小规模企业同时进入市场时，它们之间的成败是由偶然因素决定的。也就是说，小概率事件一旦发生，特定品牌会按照报酬递增的路径依赖规律霸占市场。这就说明在报酬递增现象存在的情况下，企业进入市场的时间点显得十分重要。产生路径依赖现象之后某种路径一旦被"锁定"，新进入企业能够支配市场的可能性就微乎其微。而且，由于凸显偶然性和时间点的重要性，预测未来也变得更加困难。

基于上述论述，布莱恩·阿瑟总结了报酬递增和自我强化机制的特征和可能后果：一是多重均衡（multiple equilibria）和不可预测性（non-predictability），虽然初始事件的效果很明显，但由于是偶然因素导致的，完全不一致的市场分配是潜在可能的，因而其结果是不确定、不唯一和不可预测的。二是非灵活性（inflexibility）。一旦进入某一路径，转换到其他路径的可能性很小。三是可能的无效率（possible inefficiency）。某些技术可能在社会最优的维度上看是优于另一个技术的，但是因为在技术竞争初期"运气不佳"而落败，最终实行的技术标准可能不是社会最优的。四是路径依赖（path dependence），那些由小概率事件和偶然因素影响产生的市场分配很可能会导致一个特定的技术路线被一以贯之地执行。

阿瑟认为，自我强化机制的形成来自以下四种效应：

1. 规模效应（large set-up or fixed costs）。为推广技术所投入的大量的初始成本或固定成本，会随着产量增加而产生单位成本下降的好处。

2. 学习效应（learning effects）。随着一种技术使用时间的延长，使用机会的增加，它会不断地得到改进，企业更能获得有助于进一步改善技术的经验，从而使其成本更趋降低。

3. 协作效应（coordination effects）。随着一种技术的不断推广，其他的各种经济活动也逐渐采取与之相配合的方式，从而产生合作效益。比如，一旦采纳某一技术的人不断增加，就会导致相关技术领域的投资增加，进而诱使更多的人使用该技术。

4. 适应性预期（self-reinforcing expectations）。消费者的预期会随着市场的变化而发生变化。一种技术在市场上的地位不断上升，会加强人们相信它的地位会进一步巩固的信念，从而使其地位得到进一步强化。

二、总结和评论

虽然阿瑟对自我强化机制背后的四个效应作出了基本解释，但并未将四个效应上升为统一机制来讨论。在此后的研究中，自我强化机制成为经济学研究中的一个基础命题，四个效应有时作为一个辅助的解释变量出现，不同研究者对四个效应的操作化定义也各不相同。在社会学的研究中，虽然有许多研究能够为四个效应提供现实的佐证，但并未将不同的效应整合到一个框架下来分析。此外，阿瑟关于上述四种效应的分析深化了关于自我强化机制的理解，但是，他对于四个效应在实践中如何形成，不同主体在四个效应的形成中发挥怎样的作用，没有进行深入的分析。本书试图借助电商县市的具体案例，深入分析上述四种自我强化机制背后的机制，以及政府、社会组织等不同主体在四种机制的形成中发挥的作用。

需要说明的是，本书的研究并不是在抽象层面上讨论收益递增理论，也不是像新空间经济学那样将空间变量引入对报酬递增的分析，同时寻找新的变量补充到对收益递增的讨论中，更不是一个围绕自我强化机制的面面俱到的理论研究，而是将关注点聚焦于自我强化机制的产生环境和发生机制。

第三章 理论分析框架

在对电商县市的发展开展调查的过程中，产生的一个疑问是：在一些先行者偶然的选择之后，为何有的县市能够形成电商集聚现象，而有的县市却未能形成电商集群？在偶然因素被触发之后，影响和推动未来发展的稳定性因素是什么，哪些主体和机制在发挥作用？由于已有的研究难以全面和细致地解释上述问题，本书试图构建一个统一的分析框架，将电商县市的发展置于外部环境和互联网发展大背景中考察，揭示自我强化机制形成的过程和机制。

本书的分析框架包括三个层次：一是自我强化机制形成中的多主体行为，即关注外部环境中不同主体的行动及其对自我强化机制产生的作用；二是对阿瑟关于自我强化机制的四个效应进行扩展和分析，考察四个效应在自我强化机制中的地位和相互影响；三是考虑电商产业集群的特殊性，对四个效应在互联网情景下的特征和形成机制进行探讨。

第一节 自我强化机制中的多主体行为

讨论自我强化机制的产生，可以基于企业自身的经营行为和内部运作逻辑来进行，也可以考察外部环境对自我强化机制发生作用的机制。关于第一种角度，空间经济学和产业经济学已经进行了大量的研究，形成了丰富的理论成果，其中多数研究是在控制企业外部环境条件下的讨论。本书尝试将研究的重点放在企业外部环境中的不同主体是如何对产业自我强化机制产生影响的。

　　本书认为，外部环境对自我强化机制的影响体现在不同主体的行动逻辑中。首先是地方政府的行为，地方政府作为本地政策和各类公共品的提供者，在四个效应中扮演着十分重要的角色。和传统的讨论地方政府行为的研究类似，本书对地方政府行为的讨论也立足于展现地方政府在产业发展中的行为特征，在给定资源约束条件下，地方政府会基于自身的目标函数，以政绩最大化为导向制定政策，分配资源，影响产业发展方向。其次是本地已有的产业环境和外部的技术环境，由此涉及企业既往的行为和外部企业的技术行为，在电子商务发展较为成熟的环境下，特别需要注意作为买卖双方匹配者的第三方平台，平台并不直接参与企业的生产过程，但是不仅企业的销售渠道依赖平台的构建，企业的生产也必须根据平台上的需求来开展。与此同时，与不同类型的平台联结也会导致自我强化的效果差异；最后是当地社会网络也会影响自我强化机制的形成，尤其是在电商村镇的产生中，大量的生产过程嵌入本地的社会关系，创新技术的传播和信号的传递均需要通过当地社会网络进行。

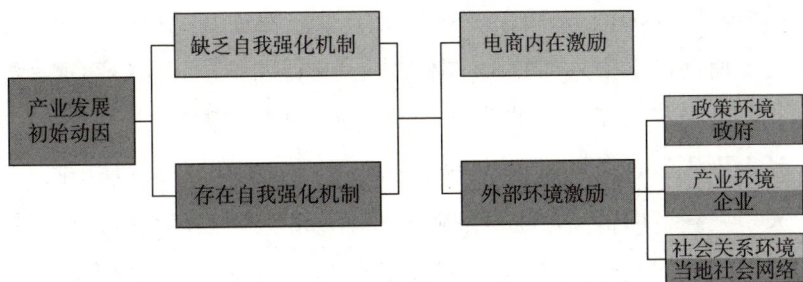

图 3 - 1　本书的研究路径

　　本书认为，一个地区电商产业发展的初始动因最终能否形成"星火燎原"之势，主要取决于本地产业是否存在自我强化机制，自我强化机制的形成可以从"电商内在激励"和"外部环境激励"两个方面进行考察，本书主要关注"外部环境激励"的作用，并将外部环境激励分为政策环境、产业环境和社会关系环境，政策环境对应的行动主体是政府，产业环境对应的是企业，社会关系环境对应的是当地社会网络，通过三个环境对应的行动者来讨论不同主体的作用。本书认为，不同主体的行为及彼此之间的互动对自我强化机制产生了重要影响，具体需要结合以下关于自我强化机制的四个效应进行分析。

第二节 自我强化机制的四个效应

一、对阿瑟关于四个效应的扩展

布莱恩·阿瑟指出了自我强化机制在产业集群形成中的作用，并提出促进自我强化机制的四个效应，即规模效应、学习效应、协作效应和适应性预期。本书将借助阿瑟的分析，通过厘清四个效应的理论基础、影响变量，应用于电商县市案例分析，特别是把握不同主体在四个效应中的作用。

规模效应（large set-up or fixed costs）。讨论促发规模效应的社会机制首先要厘清固定投入的行动主体结构、与行动主体相连的固定资源结构（比如政府投入了基本的公路）及技术结构（假定政府投入的是公路，私人投入的是局域网），考察原有的实体产业与新兴的电商产业之间的关系。一方面，当地现有产业发展基础和资源禀赋直接构成了规模效应发挥作用的基础。另一方面，政府可以通过基础设施建设降低企业的初始成本，诱导企业的投资方向，或者通过政策影响企业的转移成本。

学习效应（learning effects）。讨论促进学习效应的社会机制需要考虑外部环境中的技术学习成本、技术传播、学习参与主体及互动过程等因素，技术学习成本直接影响个人的学习动机和技术选择，以及技术能否通过网络外部性的作用传播开来；技术传播环境对技术的学习效应有很大影响，技术学习参与主体及互动过程和传播环境密切相关，并直接影响技术学习效果。政府通过开展培训班可以在初期帮助企业跨越较低的技术门槛，但是技术的扩散则由选择技术的企业决定，社会关系在学习过程中也发挥了重要作用。企业可以选择在亲密的、本地的人际关系网络中进行技术学习，也可以利用互联网平台丰富学习渠道，弥补本地学习资源的不足和对异质性知识的需求。

协作效应（coordination effects）。讨论促进协作效应的社会机制需要考虑产业红利大小和外溢的可能及不同主体协作的动机和收益。协作效应的产生可能来自政府政绩需求和政策环境变化，也可以是市场中其他企业的协作行为，社会关系也能显著降低协作成本，朋辈和亲缘群体间的协作是一个电商集群发展中常见的合作模式。作为技术提供方的企业可以通过与政府的沟通促使其在技术发展的早期出台相应政策，更为常见的方法是，通过新增或让渡红利的方式，激励其他企业与之形成协作，由此形成的协作关系更为稳固。

适应性预期（self-reinforcing expectations）。讨论强化适应性预期的社会机制需要区分消费者和作为生产者的企业的选择。互联网环境下的企业适应性预期一方面与本地人际关系网络有着十分密切的关系，另一方面在很大程度上受到网络事件和网络典型的影响。在县市以下，尤其是村镇一级，社会关系在信息传播中发挥较大作用，往往成为促使当地产业变迁的初始因素，其中，一个好的典型故事可能会为本地技术传播提供情感基础和直观影响；另外，政府对宏观政策的判断会在很大程度上影响本地的政策变化，并由此影响企业对市场的预期和投资行为。同时，企业捕捉市场信号的能力差异也决定了模糊的市场信号是如何被企业识别的。

基于上述讨论，可以围绕外部环境和行动主体，将本书的理论分析框架整理为表3－1，对上述四个效应的具体讨论见文章主体部分。

表 3 – 1　关于四个效应不同主体的分析框架

自我强化机制	政策环境	产业环境	社会关系环境
规模效应	基础设施投入	当地原有产业	初期作用不明显
学习效应	组织相关培训	企业的技术环境	传递学习信息
协作效应	政府政策支持	企业红利外溢	朋辈、亲缘协作
适应性预期	宏观政策变化	市场中的典型和信号	媒体宣传

二、四个效应之间的关系

阿瑟关于自我强化机制的研究中，没有讨论四个效应之间的地位和相互关系。实际上，四个效应在自我强化机制的形成中地位不是完全同等或者平行作用的，且不同效应在产业发展的不同阶段影响也不相同。

当厂商开始投入初始成本进行生产时，规模效应的作用就逐渐产生了，并且当地产业环境中原有产业的存量，从一开始就影响了厂商的规模效应积累的方向。一旦确定了产业的发展方向，就涉及对特定产业技术的学习问题，此时外部环境中的多主体是否能够为该产业技术创造学习的可能成为一个需要讨论的问题。一旦技术学习能够在外部环境中得到满足，协作效应中的红利外溢程度即成为多主体协同的重要影响因素，围绕产业产生的特定红利，多主体差异性的目标函数决定了各自的协同行为和最终的协同结果。这一协同的结果进一步影响了人们产生适应性预期的方向，与产业一致的适应性预期能够重复这一自我强化机制，加大人们对产业固定资产的投入，进一步强化规模效应的积累。否则，如果多个效应影响下的适应性预期较弱时，就会仅仅有"星星之火"而无法形成燎原之势，产业的集聚效应无法实现（图 3 – 2 呈现了四个效应之间的关系）。

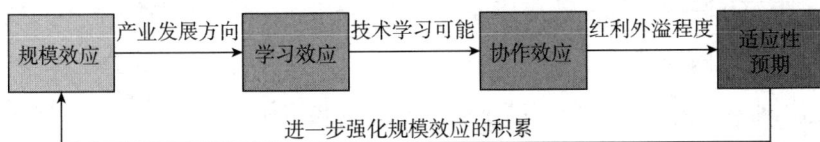

图 3-2 四个效应之间的关系

本书正是基于上述框架对两个案例进行分析，展现自我强化机制形成过程中的差异。需要强调的是，上述框架仅仅是一个理想型的讨论，在实际案例的讨论中，一些效应的发生是相互重叠的，对于先行者而言，可能已经通过电商模式赚取了大量红利，形成了适应性预期，而对于后期大多数来说，才刚刚涉足这个领域，处在规模效应中对原有产业存量的取舍决策中。因此在产业发展中，地区的自我强化进程和基于小群体的厂商决策的自我强化进程是相互嵌套的。

第三节 互联网情景下的自我强化机制

由于本书讨论的是电商产业集群的自我强化机制，不可避免地涉及电商产业集群的特征及其形成机制的不同。除了在阿瑟提出的四个效应基础上进一步区分影响变量和不同主体作用外，考虑到电商产业集群的特殊性，本书还参考了邱泽奇等（2016）提出的互联网资本框架来讨论四个效应的作用。互联网资本是指"任何因既往投入形成的、具有互联网市场进入机会并可以通过互联网市场获益的资产"。与通常的社会学的资本研究不同，互联网资本强调通过资产的组合获益，而不是对单一资本与收益之间建立关系。沿着四个效应对电商产业集群的自我强化机制进行分析，每个效应都对应着传统情景下的本地效应、互联网效应以及"互联网＋"效应（电商模式与本地产业的结合）。

规模效应的互联网情景：阿瑟讨论的规模效应指的是本地的规模效应，在互联网情景下，我们进一步将规模效应分为：本地实体产业的规模效应、互联网的规模效应以及将两者结合起来的"互联网＋"的规模效应。互联网的规模效应是全国共享的，对各地而言是同等的外部条件，"互联网＋"的规模效应指的是通过互联网和实体产业的结合，使得企业固定成本随着产量增加而产生单位成本递减的效应。

学习效应的互联网情景：阿瑟讨论的学习效应主要指的是本地的学习效应，我们进一步将学习效应分为本地实体产业的学习效应、互联网的学习效应和"互联网＋"的学习效应。本地实体产业的学习效应，指的是围绕核心产业，主要通过面对面的人际网络所产生的学习效应。互联网的学习效应是指利用互联网向外部学习的效应。"互联网＋"的学习效应，指的是将本地实体产业的学习效应和互联网的学习效应结合起来，带动电商产业发展的学习效应。

协作效应的互联网情景：阿瑟讨论的协作效应主要指的是本地的协作效应，我们进一步将协作效应区分为本地实体产业的协作效应、互联网的协作效应和"互联网＋"的协作效应。对于传统产业发展来说，协作主要发生在本地。对于电商产业而言，互联网的协作效应即对成熟的平台服务商的利用十分关键。而"互联网＋"的协作效应涉及产业线上线下的联动及对外部专业化服务的利用。

适应性预期的互联网情景：阿瑟讨论的适应性预期主要指的是对本地实体产业的适应性预期，我们同样可以将适应性预期分为对本地实体产业的适应性预期、对互联网的适应性预期和"互联网＋"下的适应性预期。后两者意味着对电商模式的预期以及对电商模式与本地实体产业相结合的预期。

我们所要讨论的互联网环境下的自我强化，主要强调本地效应与互联网效应的结合，即"互联网＋"效应。本地效应能够在本地的产业发展中产生自我强化，但是无法产生基于互联网的自我强化，自然也就无法通过电子商务发展本地产业，仅有互联网效应能够产生大量的电子商务卖家，但是无法对本地产业的发展产生带动。互联网环境下的电子商务发展，必须使得四个效应能够在"互联网＋"的层面产生效果。一些效应可能仅仅在本地发挥作用，另一些效应可能仅仅在互联网上发挥作用，只有将两者结合起来，才能够形成本地产业发展的"互联网＋"效应，进而通过互联网获益，扩大与其他地区之间的红利差异。因此，在对互联网环境下的四个效应进行讨论时，我们需要区分效应的发生是在本地条件下还是在互联网条件下，如表3－2所示。

表3－2　关于互联网情景下四个效应的描述

自我强化机制	本地效应	互联网效应	"互联网＋"效应
规模效应	本地产业规模	产业在互联网上形成的规模	两类规模的结合
学习效应	本地形成的学习能力	基于互联网形成的学习能力	两类学习能力的结合
协作效应	本地协作的情况	基于互联网的协作	两类协作的结合
适应性预期	本地形成的预期	网络中形成的预期	两类预期的结合

在将四个效应扩展至互联网情景的同时，本书特别关注了互联网环境下平台对产业发展的重要作用，对互联网资本的讨论自然引申出了对平台的讨论，包括互联网平台对规模效应产生的作用、平台规则对学习效应的影响、在协作效应中对平台协作功能的讨论以及关于平台对典型传播和适应性预期的影响。正是因为平台的出现，过去的沉默资产在互联网平台上展现出了通用性，通过平台及其衍生方式形成了可在互联网平台上交换的互联网资本，并对电商产业的发展产生了至关重要的影响。

第四章 研究背景及案例概况

电商产业集群的发展和自我强化机制的形成与互联网技术普及应用的宏观背景密切相关。本章先从宏观层面对我国互联网发展及应用情况进行总体描述，然后对所选取的案例县市发展情况进行简要介绍，作为本书研究的基本背景。

第一节 中国互联网发展背景

一、互联网的普及与应用

互联网的普及应用，即使用互联网的人口规模是电商产业发展的重要基础。对于人口因素来说，其数量大小是市场规模大小的最重要标识（张纯元、曾毅，1996）。由于受制于互联网这一技术手段，互联网产品的潜在消费群体只可能是中国已有的网民数量以及其可能连接到的群体。2016 年，我国网民的数量达到总人口的 53.2%，由于网民基数逐渐增大，增速并没有像互联网新兴时期那么迅猛，但是增长的绝对量仍旧不逊于互联网发展早期。日渐增加的网民数量，不仅远高于网民数量排名第二的美国（中国网民数量达 7 亿多人，而同期美国网民数量约 2.5 亿人），而且与整个欧洲的网民数量相当，这为互联网产品的销售和电商产业发展提供了市场基础（见图 4-1）。在互联网发展和网民基数增大的背景下，值得注意的是，农村互联网基础设施的普及和农村网民比例的快速上升。截至 2015 年 3 月，我国 95.3% 的行政村已经开通宽带，我国农村网民规模从 2011 年的 1.36 亿人增加到 2015 年的 1.95 亿人，在全部网民中的比例提高到 28.4%。邱泽奇等（2016）认为，根据电子商务的特征，互联网的发展已经在经济层面实现了中国人群的全覆盖。

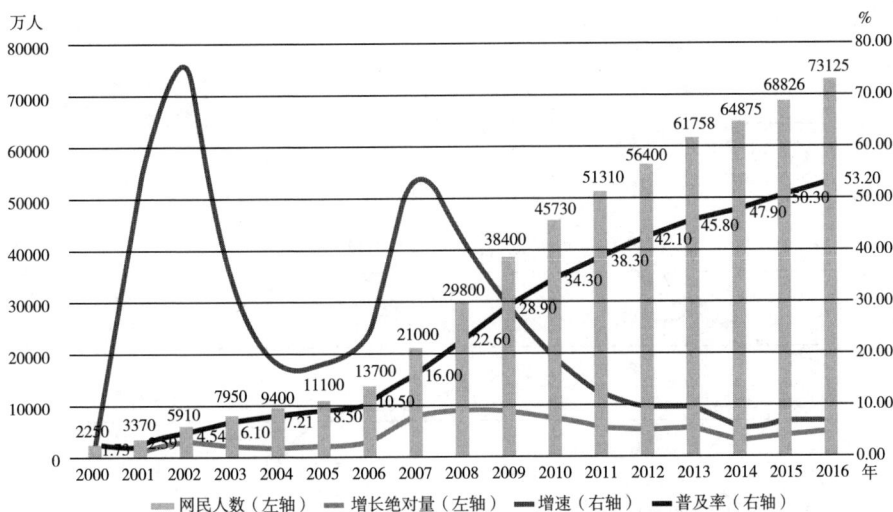

图 4 – 1 2000—2016 年我国网民数量及其增速变化

（资料来源：CNNIC《中国互联网络发展状况统计报告（2000—2017 年）》

同时，伴随着网民数量的增加，网民对网络工具的使用时间也不断上升，从图 4 – 2 可以看出，自 2001 年起，网民的每周上网时间不断上升，2013 年，网民平均上网时间达到了 25 个小时，即每天上网约 3.5 个小时，之后逐渐收敛至每周上网 26.4 个小时。网络对于网民的重要性不言而喻，较长的上网时间不仅培养了人们使用互联网的习惯，而且也为痕迹数据的积累和互联网服务的大数据分析提供了可能。对于电子商务的发展来说，上述数据可以作为精准营销的基础数据进行分析。

与传统产品相比，互联网产品更容易在人口规模的正反馈中受益。传统产品受边际效用递减、边际成本递增的约束，规模并不能快速扩大。而互联网产品在以高成本开发出第一个产品之后，由于低增量成本和规模经济带来的便利，边际效用随产品使用的人口规模的增加而增加，仅仅会受到竞争对手占有的市场份额的约束（夏皮罗、瓦里安，2000）。因此，市场规模对于互联网产品的影响远高于传统产品，这也使得对于互联网产品来说，讨论市场规模的重要性和意义远高于传统产品。

个小时

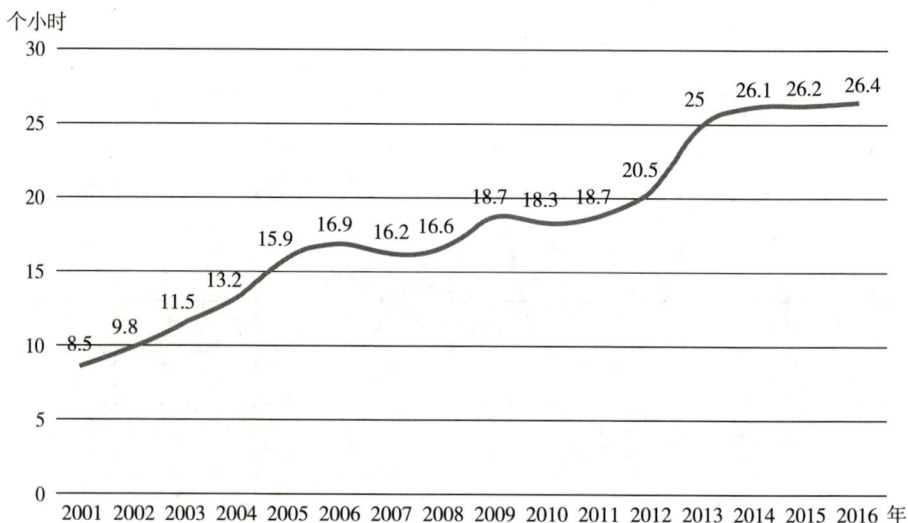

图4－2　我国网民每周上网时长变化趋势

（资料来源：CNNIC《中国互联网络发展状况统计报告（2001—2017年）》）

信息技术创造出独特的空间和平台，打破了国家和区域之间各种有形和无形的壁垒，降低了个体行动者的创业成本，农民可以跳出村镇，到全国乃至全球市场中寻找发展机会。在生产方面，农户能够根据更大的外部市场开展弹性生产，更好地匹配产品供给与需求；在销售方面，可以跳出时空限制，在全球范围内联系客户，同时销售成本也在降低。

二、网购市场与支付规模

随着网民数量的不断增加，网购市场实现了较快发展，网络购物用户活跃度持续提升，居民网络购物消费习惯日益形成。据CNNIC调查，截至2015年12月，我国网络购物用户规模达4.1亿人，比2014年底增长14.3%，增速比网民增速（6.1%）高8.2个百分点，在网民中的渗透率达60%。全年交易总次数为256亿次，比2014年增长48%；年度人均交易次数为62次，同比增长29.2%。与2014年相比，网络购物金额占日常消费采购支出的比例在11%及以上区间的用户群体普遍增加，其中31%~50%之间的用户提升最多，提升了5.5个百分点，达到15.2%。消费频率和消费金额的提升意味着我国消费者已经将网络购物作为重要的购物手段。

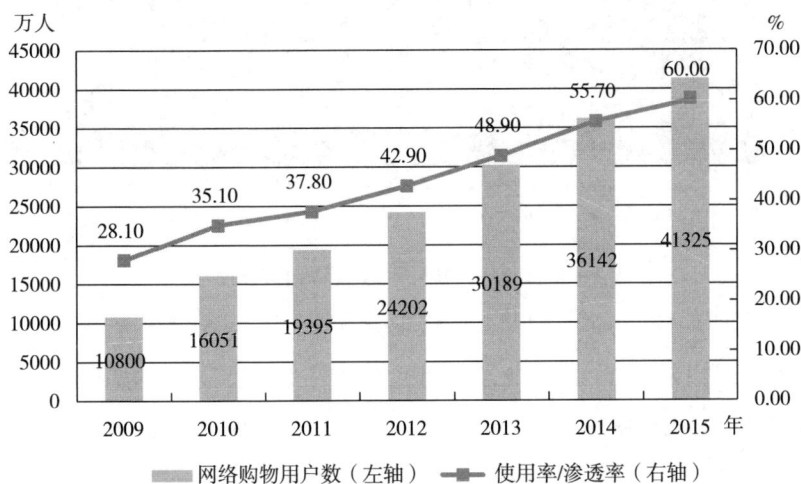

图4－3 2009—2015年网络购物用户数及使用率/渗透率

（资料来源：CNNIC《中国互联网络发展状况统计报告（2009—2015年)》

另一个和网购市场关系紧密的变量是网民的消费能力，以上我们只讨论了市场上某种商品或劳务可能的购买者数量的大小，虽然有超大体量的消费群体，但是年龄结构影响了总体网民的消费意愿，也影响了网民的消费需求，不同的年龄结构有不同的市场需求，图4－4显示了2001年到2016年我国网民的人口构成。

从图4－4可以看出，自2008年以后，20岁以下的网民总数从2008年最高峰的36%下降至2016年的23%，而自2001年以来就属于网民群体中的主力的20~29岁人群则逐渐收敛至占网民总数的30%，30~39岁人群也维持在一个较高的水平，这两个年龄段的网民人数超过了总数的 50%。

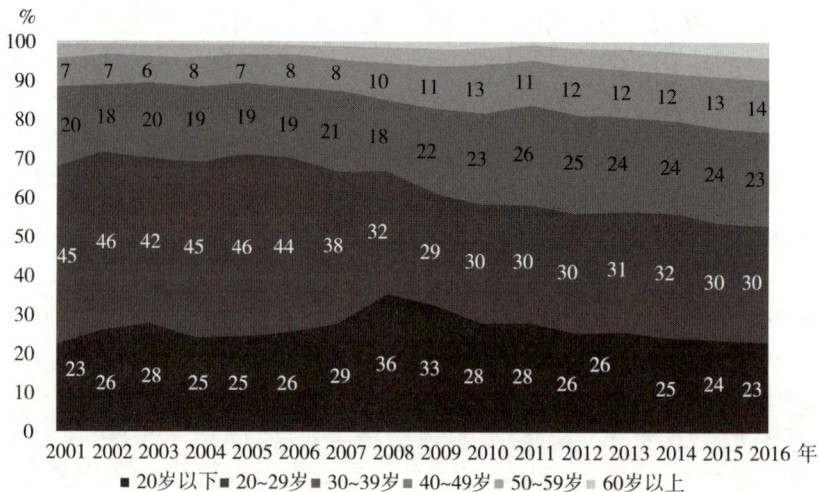

图 4 - 4　2001—2016 年我国网民的人口构成

（资料来源：CNNIC《中国互联网络发展状况统计报告（2001—2017 年)》)

我们可以从图 4 - 5 看出各类网民数量的变化趋势：2013 年，中国网民人口中 20～29 岁的网民已近 2.5 亿人，加上 30～39 岁年龄段的网民

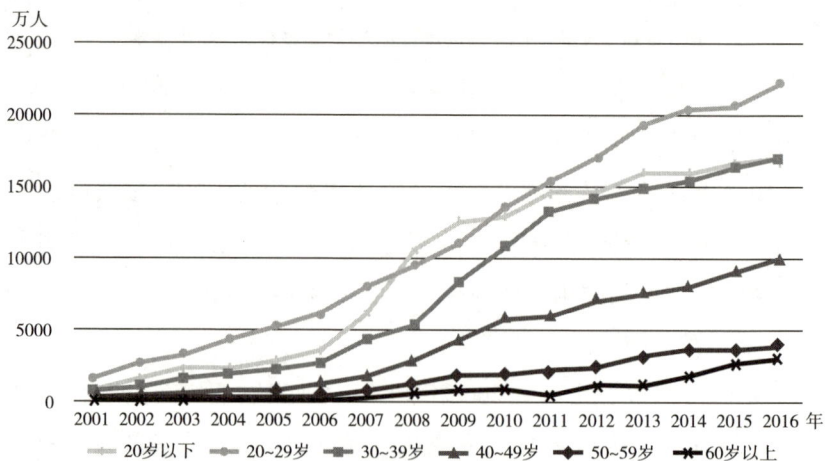

图 4 - 5　2001—2016 年我国网民人数增长趋势

（资料来源：CNNIC《中国互联网络发展状况统计报告（2001—2017 年)》)

1.7 亿人，总计超过 4 亿网民处在 20～39 岁年龄段中。虽然 20 岁以下的网民占比仍然很高，但和 2008—2009 年相比已呈下降趋势。由于这一年龄结构的变化，网络消费市场的新兴产品会出现向 20～39 岁网民的需求转向的趋势。相较于其他年龄段的网民来说，现今 20～39 岁年龄段的网民基本具备了通过互联网进行网上购物的技术，并且有明显的网购消费需求。

　　另一个影响网民群体的消费需求的是人口职业结构，人口职业结构是指从事不同职业的经济活动人口的数量比例关系，不同职业的消费能力和消费产品的习惯并不相同。有研究者（邱泽奇，2001）考察了 2000 年之前互联网用户的主要特征，即"接受过或正在接受高等教育，年龄在 18～30 岁，居住在北京、上海和广东，在教育、科研、信息产业领域和国家机关工作的男性"。中国互联网发展至 2016 年，网民不再像是千年之交前局限于一个小群体中，而是囊括了社会各个阶层。

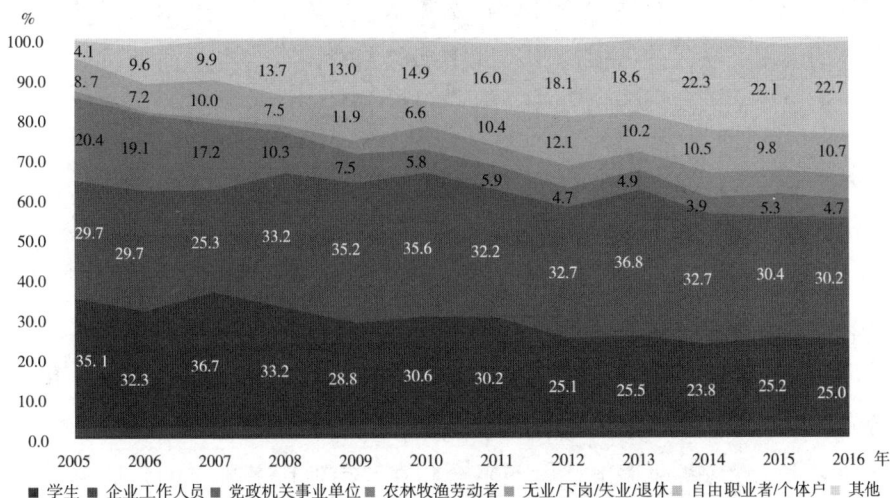

图 4－6　2005—2016 年我国网民的职业构成

（资料来源：CNNIC《中国互联网络发展状况统计报告（2005—2017 年）》

　　从图 4－6 中大致可以看出，2009 年之前，网民的职业构成以学生为主，而 2009 年以后，企业工作人员的占比超越学生，成为网民主要的职业构成, 2016 年其占比达到了 30.2%。另一个增长迅速的是自由职业者, 2016 年其占比达 22.7%, 与学生群体占比的差距越来越小, 由于脱离组织的约束和支持, 这类群体对电子商务有十分明确的需求。非学生群体的占比从 2005 年的 64.9% 上升到 2016 年的 75.0%。原先在网民群体中占相当份额的党政机关事业单位, 则从 2005 年的 20.4% 下降到了 2016 年的 4.7%, 这意味着互联网络资源的全面普及。

从以上对 2001 年到 2016 年网民结构的分析, 可以总结出当前我国网民的几个主要特征: 一是人口基数大, 网络卷入度高, 体现在 7 亿网民规模和每周 26.4 个小时的上网时间; 二是网民平均年龄提高, 20~39 岁的网民成为主力, 20 岁以下网民占比减少; 三是网民职业结构以企业工作人员为主, 学生群体所占比重下降, 非学生群体的占比达到了 75.0%。其他有关的人口因素, 诸如民族、城乡等特征不做进一步讨论, 因为上述分类并不能很好地区分群体的消费需求。巨大的人口基数、逐渐培养起来的使用互联网的习惯以及不断增加的消费需求为电子商务发展和产业集聚提供了广阔的空间。

三、电商平台发展情况

自 2003 年以来, 作为信息技术与商业服务深度结合的全新产物, 以交易服务为主、以交易平台为核心的"电子商务交易服务业"在我国开始出现并迅速崛起。以阿里巴巴、京东等企业为代表, 平台与服务商融合发展, 服务商生态集聚化, 形成了一个巨大的"商业服务生态", 为亿万的买家、卖家提供服务。电商平台和在线商业服务生态的发展是互联网情景下产业集聚不同于传统工业产业集群的重要因素, 同时也是自我强化机制分析必不可少的内容。

电商平台不仅能够连接全国乃至全球市场, 放大电商营销范围, 降低网商固定投入和交易成本, 增强产业发展的规模效应, 而且日益集成多种专业化服务, 从区域外部提供电商发展的学习协作机会。根据赛迪顾问的数据,2015 年,我国电子商务服务业规模达到 19800 亿元,同比增长 58.40%。在电子商务服务业中,交易服务类应用市场规模增长迅速,客服外包、摄影、咨询服务、培训、质检品控以及定制类设计等成为电子商务服务业规模新的增长点,快递服务业务保持快速增长,全国快递服务企业业务量累计完成 206.7 亿件,同比增长 48%。

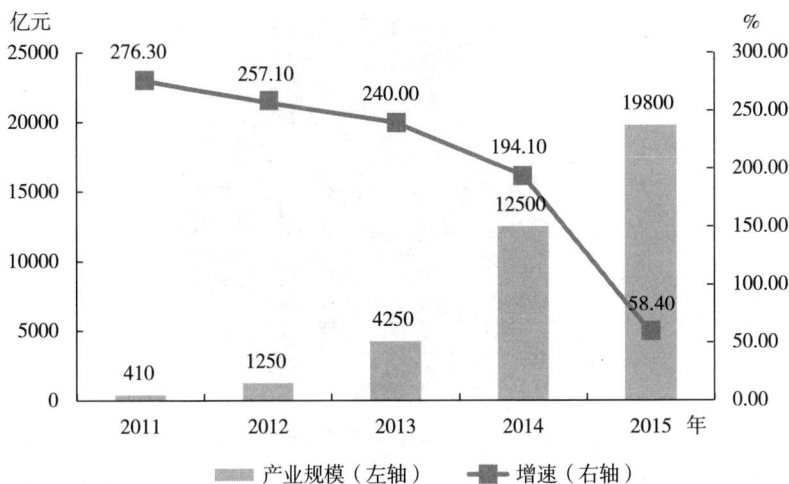

图 4-7　2011—2015 年中国电子商务服务业市场规模增长情况

(资料来源:商务部. 中国电子商务报告(2015 年)[M]. 北京:中国商务出版社)

从我国电商平台服务商市场格局来看,作为电子商务服务领域的领头羊,2015 年,阿里巴巴电子商务服务市场规模增速达到 78.8%,连续 4 年增速高于 60%,在我国电商服务平台中稳居首位,阿里系(淘宝、天猫、阿里巴巴 B2B 平台)合计市场份额达 59.7%,京东占据次席,市场份额为 25.1%,其他企业占比相当。阿里巴巴集团于 2009 年建立"服务市场"(狭义的阿里巴巴商业服务生态),目前已聚集数万家服务商及服务者,为千万商家提供包括店铺装修、图片拍摄、流量推广、商品管理、订单管理、企业内部管理、人员外包等几十万个相关服务,年交易规模达数十亿元。2015 年,参与阿里巴巴商业服务生态的活跃服务商数量增速由 2012 年的 1.8% 增长到 33.5%(阿里巴巴,2016)。电商平台和电商服务业发展是各地电商产业集聚的外生变量,当前,各地电商产业发展面对的专业电商服务和平台资源基本是无差异的,自我强化和产业集聚的关键在于本地产业与外部资源、电商生态的融合。外部平台和专业服务的无差异性也是部分落后地区的电商县市得以克服当地要素和人才瓶颈等问题,实现电商产业跨越式发展的重要机遇。

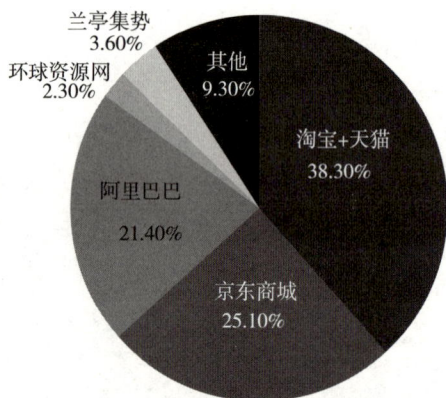

兰亭集势 3.60%
环球资源网 2.30%
其他 9.30%
淘宝+天猫 38.30%
阿里巴巴 21.40%
京东商城 25.10%

图 4-8 2015 年中国电子商务服务商格局

(资料来源:商务部. 中国电子商务报告(2015 年)[M]. 北京:中国商务出版社)

第二节 本书案例的基本概况

本书从"自我强化机制"这一理论视角出发,对两个电商县市的发展情况展开分析。一是江苏省徐州市睢宁县,该县电子商务发展起步较早,属于以农村网商创业为缘起带动本地电商产业集聚的县市;二是湖北省咸宁市赤壁市(县级市),该市电子商务起步较晚,试图通过发展本地平台,实现绿色生态产品"买全国、卖全国"目标,但最终未能形成电商集聚效应。本节主要介绍两个县市的基本情况和电子商务发展脉络,作为后续自我强化机制分析的基本背景。

一、江苏省徐州市睢宁县

（一）发展概况

睢宁县位于江苏省的西北部，徐州市的东南部，总人口为 144 万人，总面积为 1769 平方公里，耕地面积为 155 万亩，辖 15 个乡镇、3 个街道办事处和 1 个省级经济开发区。睢宁县距离京沪高铁 60 公里、陇海铁路 50 公里，境内 104 国道、徐（宿）宁高速穿过，与京沪、陇海两大铁路干线相邻，徐州观音国际机场坐落在境内，内河航道连接京杭大运河，基本形成铁路、公路、水路、航空"四位一体"的立体交通网络。

睢宁县一直以来都是一个传统的农业大县和人口大县，由于地少人多，人均地区生产总值一直在全省经济排名中处于靠后的位置，是省级贫困县。但是，近十年来，睢宁产业发展态势较好，经济总量在省内不断突破进位。2015 年，睢宁县实现地区生产总值 465 亿元，居江苏省第 28 位，人均地区生产总值为 45606 元；一般公共预算收入为 43.68 亿元，居全省第 22 位。县域经济基本竞争力、一般公共预算收入进入全国百强，均居于全国第 95 位。三次产业结构由 2010 年的 21∶43∶36 调整为 2015 年的 16∶43.8∶40.2。纺织服装、白色家电、金属机电、皮革皮具、生物医药五大产业产值占比提高到 70% 以上①。

（二）电子商务发展情况

睢宁县电子商务发展的特点是村镇个体网商创业带动下的电商产业集群式发展。个体网商的创业最早发生在该县的沙集镇东风村，正因为此地的网商集群效应显著、自上而下发展的特点鲜明，所以才被宣传为

---

① 资料来源于睢宁县 2016 年政府工作报告。

"沙集模式"并受到广泛关注。

　　沙集镇位于睢宁最东部，西靠徐州，东邻宿迁，北望山东，南接安徽，全镇面积为66平方公里，辖17个行政村，村民组264个，村民1.3万户，人口6万人，劳动力3万人，耕地面积为5万亩。东风村位于沙集镇的东部，与宿迁市一河相隔。省道324从村子北面东西向横穿而过，往东3公里接徐宿高速出入口。总面积约6平方公里，耕地面积约3780亩，下辖11个自然村庄，2013年全村总人口为5134人，1121户①。

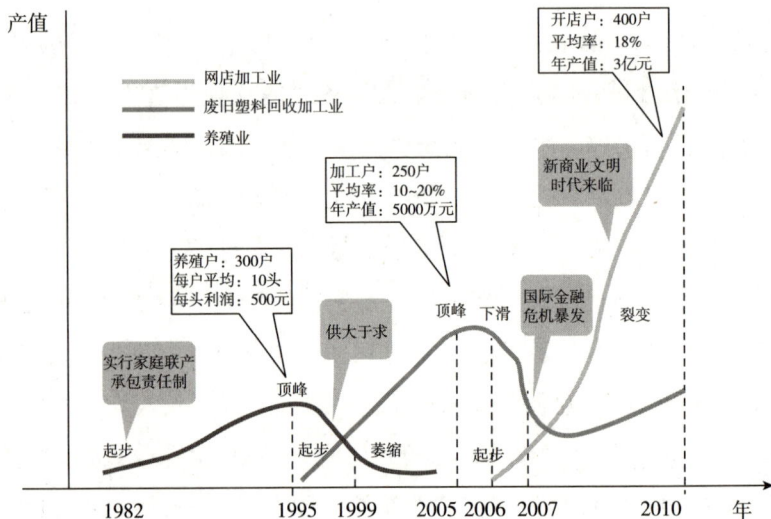

图4-9　睢宁县沙集镇东风村产业发展脉络

（资料来源：汪向东《沙集模式调研报告》）

　　东风村所在地是苏北有名的盐碱地，人均土地不到一亩。和一般苏北农村以农业生产为主不同，东风村的村民历来有经商创业的传统，商业气息浓厚，主要以各种副业、小生意为生。改革开放至经营网销家具产业前，东风村村民先后主要做过三项产业。一是农产品加工，主要是粉条生产。二是养殖业，主要是养猪和养鸡。三是废旧塑料回收。其中，

---

①　睢宁县志编纂委员会. 睢宁县志（1978—2013）[M]. 南京：江苏人民出版社，2016.

废旧塑料回收规模做得比较大，最多的时候全村有 800 多人到全国各地回收废旧塑料。此外，东风村还有外出务工的传统。除了经营产业外，外出打工是村民谋生的另外一种主要选择。据统计，2006 年以前，东风村 2600 人劳动力中的一半离开故土到苏南等地打工（王小乔，2011）。外出打工的主要是村中的年轻人，他们主要到珠三角、长三角等地从事建筑装潢业。村中外出打工的人数通常在 1500 人左右，最多的时候曾达到 2000 人以上。

2006 年，沙集镇第一家网店在东风村成立，被外界称为沙集淘宝"三剑客"之一的年轻人孙寒率先在淘宝网注册网店，销售简约时尚的组合木质家具，并获得成功。受其影响，2007 年，全镇先后注册网店 10 多家；2008 年，沙集镇网店数突破 100 家，电子商务销售额实现 4000 万元；2009 年底，网店数接近 1000 家，电子商务销售额突破 1 亿元；2010 年，网店数超过 1000 个，网络零售额达到 3 亿元；2011 年，网店数达到 1500 余个，销售额超过 6 亿元；由于新闻媒体和阿里平台等的广泛宣传，"沙集模式"在国内外产生了广泛影响；2012 年，网店发展到 2051 个，销售额超过 11 亿元，销售额仍然以 100%～200% 的高速度增长，产业规模不断扩大。在沙集镇特别是东风村电商发展的带动和当地政府的支持鼓励下，睢宁县电商发展迅猛，2013 年，全县拥有网商数发展到 3500 人，网店 5000 家，网络零售额达到 25 亿元。2015 年，睢宁县新增网店约 1.2 万家，总数达 2.1 万余家，实现了倍增，睢宁获批全国电子商务进农村综合示范县。2016 年，睢宁共有网商近 2.6 万人，网店 3.7 万余家，电子商务交易额达到 153.5 亿元[①]。根据 2016 年第四届淘宝村高峰论坛发布的数据，睢宁县以 5 个淘宝镇、40 个淘宝村的优势居于江苏省首位，淘宝村数量在全国位列第五。其中，沙集镇实现 17 个行政村全覆盖，高

① 以上睢宁县及沙集镇电商发展情况根据睢宁电商办提供的数据和《中国淘宝第一村》第5页数据汇总整理。

作镇 11 个、凌城镇 5 个、睢城街道 4 个、邱集镇 3 个。

二、湖北省咸宁市赤壁市

(一) 发展概况

赤壁市 (1986 年蒲圻撤县设市, 1998 年更名为赤壁市) 位于湖北省南部, 北倚省会武汉, 距武汉 112 公里, 南临湘北重镇岳阳, 天然成为南北交通要冲、平原山区纽带, 素有 "湖北南大门" 之称。总面积为 1723 平方公里, 总人口 52 万人。交通区位优势明显, 京广铁路、107 国道、京港澳高速公路、京广高速铁路、武深高速公路贯穿全境, 黄金水道万里长江依境东流, 百公里内有天河、山坡两大机场, 构成联通南北、东西的交通网络。

赤壁市是国家级农产品主产区, 盛产茶叶、楠竹、苎麻、水产, 素称 "猕猴桃之乡" "茶麻之乡" "鱼米之乡"。境内地形多样, 低山、丘陵、平原由南至北依次排列, 构成 "六山二水二分田" 格局。20 世纪 90 年代末到 21 世纪初, 赤壁市依托本地实力雄厚的国有企业, 发展了纺织服装、机电制造等享誉全国的产业集群, 经济总量长期保持在全省县域经济前列。国有企业改制之后, 上述产业发展式微, 经济总量在全省县域经济排名中滑落至第 20 位至第 30 位之间。目前, 该市的主导产业主要包括电力、造纸、纺织、建材、机电、食品等, 产业发展定位是建设绿色生态农产品交易展览基地、应急安全产业集群基地和现代物流基地。2015 年, 赤壁市实现生产总值 348 亿元, 地方财政总收入为 23.87 亿元, 城镇常住居民人均可支配收入为 24500 元, 农村常住居民人均可支配收入为 13960 元, 三次产业比由 "十一五" 期末的 15.6∶49.7∶34.7 调整为 13.22：47.39：39.39[①]。

（二）电子商务发展情况

赤壁市电子商务发展起步较晚，政府对电子商务的重视始于"绿色基地"的建设。2013 年 6 月，中国商业联合会、中国城市商业网点建设管理联合会批复赤壁市组建"中国绿色生态产业展览交易基地"（以下简称绿色基地）。在谋划绿色基地的过程中，政府启动建设本地电商平台——新购网，希望将新购网打造成为绿色基地的线上平台，结合线下的种植基地建设、交易展览展示，实现绿色生态产品的"买全国、卖全国"。新购网的运作模式即整合当地绿色、生态、有机产品，与淘宝、京东、1 号店、苏宁易购等大平台进行渠道对接，实现当地绿色生态产品的网上销售。

在建设电子商务平台、开展电商孵化服务的基础上，赤壁市于 2015年申请并获批国家级电子商务进农村综合示范县市。根据示范项目要求，开展了包括城乡三级物流配送体系、特色产品展示馆、电商创业孵化体系、邮政综合服务体系、农村电子商务业务培训、阿里巴巴农村淘宝电子商务体系及农产品质量追溯体系建设七大方面在内的工作。目前，除阿里巴巴农村淘宝电子商务体系和农产品质量追溯体系尚在建设之中外，其余项目均已完工。

表 4 - 1　睢宁和赤壁的基本情况

基本情况	睢　宁	赤　壁
人口（万人）	144	52
面积（平方公里）	1769	1723
2015 年经济总量（亿元）	465	348
三次产业结构	16：43.8：40.2	13.22：47.39：39.39

---

① 此处数据来自赤壁市 2016 年政府工作报告。

续表

基本情况	睢 宁	赤 壁
2014 电商发展指数	6.789	3.497
2014 网商指数	6.743	1.858
2014 网购指数	6.835	5.135
2015 年电子商务销售额（亿元）	84.4	15

　　与睢宁县"农民网商发展带动—逐步扩散聚集—政府支持—集聚效应进一步提升"不同，赤壁市政府虽然通过平台和项目建设对电子商务发展给予了较大支持，但是目前电商发展和集聚效应均不显著。2015 年，赤壁市电商企业达到 400 个以上，支撑配套服务企业 3 家，电子商务销售额为 15 亿元[1]。

---

①　资料来源于赤壁市 2015 年电子商务工作总结。

第五章　促使规模效应形成的
社会机制

第一节　规模效应中需要厘清的问题

一、对规模效应理论基础的探讨

阿瑟提出的"规模效应"（large set-up or fixed costs）所描绘的是，为推广技术而投入大量的初始成本或固定成本，随着产量增加而产生单位成本下降的好处。任何技术的改变都会带来新产生的初始成本或固定成本，因此技术被锁定在初始状态。在此，阿瑟谈的是纯粹的规模效应，排除了其他效应的影响。

在阿瑟的论述中，隐含着以下前提假设，一是为推广技术而投入固定成本的主体，和之后的受益主体是一致的，如果两个主体不一致，就涉及主体间的分利方式，当分利方式为多方皆可接受的方案时，多个主体之间才能继续沿着规模效应的逻辑发展。二是该产业在产量增加后，并不会新增其他单位成本。如果产业的发展过程中仍旧需要新增其他协同的成本，则需要比较成本之间的大小，当新增成本小于新增收益时，即使投入了大量的初始成本或固定成本，行动主体也不得不选择停产。三是设若每一产业均符合规模效应的描述，则任何市场主体均不会转而投资新的产业，而现实情况是企业的新兴投资行为比比皆是，其原因是上述规模效应悬置了对其他产业竞争性收益的讨论，当新兴产业的预期收益远高于当前产业，且能够弥补产业转化所带来的成本时，或当前产业的初始成本或固定成本较少时，行动者就有可能不受规模效应的影响，转而开展新的产业投资。

因此，在进一步讨论规模效应的社会机制时，我们需要厘清以下问题：首先是固定投入的行动主体结构、固定资源的结构（比如政府投入了基本的公路）和技术结构（假定政府投入的是公路，私人投入的是局域网）。初始投入的行动者和之后受益的行动者是不是同一主体，如果不是的话，多个主体之间存在着怎样的分利方式。其次，产业发展中新增了哪些问题，这些问题在多大程度上阻碍了规模效应的形成，又是通过什么方式解决的。最后，在发展新兴产业时，原有的产业基础决定了产业的迁移成本，因此有必要系统讨论原有产业对本地电子商务发展的影响。

二、互联网环境下的规模效应

阿瑟讨论的规模效应多指的是本地的规模效应影响，在给定连通环境的影响下，我们可以进一步将规模效应分为：本地实体产业的规模效应、互联网的规模效应，以及将两者结合起来的"互联网＋"的规模效应。

首先是本地实体产业的规模效应，与通常讨论的规模效应类似，但需要更加注意的是实体产业与互联网规模效应的组合问题。一般情况下，互联网的规模效应是全国共享的，而不是个别县市的独特条件。相较于本地产业的发展而言，互联网的规模效应对于产业发展的单位成本不是递减的，而是在连通前逐渐递减，连通后迅速下降至水平位置并基本保持不变。

实体产业与互联网规模效应的组合，形成"互联网＋"的规模效应，"互联网＋"的规模效应并不是上述两者的简单叠加，如果没有互联网的规模效应，只有本地实体产业的规模效应，则不会产生"互联网＋"的规模效应，反之则相反。下文主要讨论的变量，也是围绕"互联网+"的规模效应展开的。

　　本章分为四节，第二节是对原有产业的讨论，从原有产业的发展基础以及人力资本的积累两个角度来讨论原有产业对规模效应的影响，原有产业发展得越好，转入新产业的成本就越高，从而阻碍新兴产业规模效应的形成，原有产业的人力资本积累和商业氛围的孕育也决定了是哪些人进入新兴产业，进而影响规模效应的作用。第三节转入对政府这一行动者的讨论，政府对基础设施的投入解决了企业由于初始成本过高而无法进入的问题，特别是对交通和互联网基础设施的投入，能够显著降低企业的初始成本到企业可接受的范围，促使创业者陆续投资并逐步产生规模效应。最后一节是对前三节的总结，并提出可供进一步讨论的概念。

第二节　原有产业对规模效应的影响

　　电商必须以实体产业的发展为基础。从诸多电商县市、村镇的发展情况来看，多数都具有特色甚至已经形成规模的实体产业，后来利用电子商务平台，由实体经营转向网络经营和实体经营并举，由此形成电商集聚发展态势。典型代表有河北清河、浙江义乌等。我们研究的案例中，虽然缺乏直接支撑电商发展的实体产业基础，但调查显示，本地原有产业和电商发展有着密切的关联，原有产业的迁移转化成本对新的电商产业形成具有重要影响。

一、睢宁：从废旧塑料到家具网销

1. 国际金融危机对废旧塑料行业的冲击

　　江苏省睢宁县的网商创业最早发生在该县的沙集镇东风村，东风村最初以生猪养殖业为主，20世纪90年代中期生猪价格走低，从1995年开始，受到与之一河之隔的耿车镇①以及本镇和平村的影响，开始从事废旧塑料回收加工业务。由于废旧塑料的加工成本低，收购成本也低，因此在东风村迅速铺开。

从 2000 年起，农户们纷纷转型从事废旧塑料回收和加工双业务。塑料回收再加工，作为工业材料用于制造业，然后用于成品出口。到 2005 年，全村废旧塑料回收加工业务达到最高峰，全村从事该产业的农户达到 250户，年产值达到 5000 万元，利润率达到 10% ～20%。然而，2008 年国际金融危机使得废旧塑料回收加工陷入低谷。国际金融危机导致外贸下滑，进而导致需求急剧萎缩，东风村的废品收购业受到直接影响，价格明显下滑，塑料价格从每斤 4 元多跌到了 2 元。东风村废旧塑料回收加工业务出现大规模亏损。而且，废旧塑料回收加工环境污染严重，政策风险越来越大，很多废旧塑料回收加工企业面临减产甚至停产的困境②。

沙集镇的电商家具产业虽然于 2006 年起步，2007 年已有 10 个左右商户通过互联网销售简易家具，但是并未引起人们的广泛关注。从 2008—2009 年开始，沙集镇电子商务发展进入第一个拐点，此时正值 2008 年国际金融危机，原有的塑料加工回收产业受到极大冲击，电子商务成为东风村产业发展的新契机。因此在 2008—2009 年，家具网销模式被相当一部分原先从事塑料加工回收产业的村民们快速复制，家具销售额首次突破 1 亿元，自此之后，沙集镇电子商务的发展呈现出创新扩散"S 形曲线"的初期特征，特别是在 2012—2013 年，沙集镇电子商务发展增长曲线陡峭，呈爆发式增长。2013 年，销售额首次达到 2 位数以上。2006 年

---

① 耿车镇的废旧塑料行业自 20 世纪 80 年代起就已经开始发展，1986 年，费孝通为耿车模式题字，并专门撰文讨论。费孝通认为耿车模式在一定程度上解决了"在一个没有大城市可依靠的、以农业发展为主的地区农村经济怎样才能发展起来"的问题，耿车模式走的是"采取简单加工的方法，以加工工业为主来发展家庭副业的路子"。参见费孝通. 费孝通文集（第十卷，1985—1986 年）［M］. 北京：群言出版社，1999：439 - 446.
② 叶秀敏，汪向东. 东风村调查——农村电子商务的"沙集模式"［M］. 北京：中国社会科学出版社，2016：22.

至 2015 年沙集镇电子商务的发展情况可以对以上论述提供佐证。

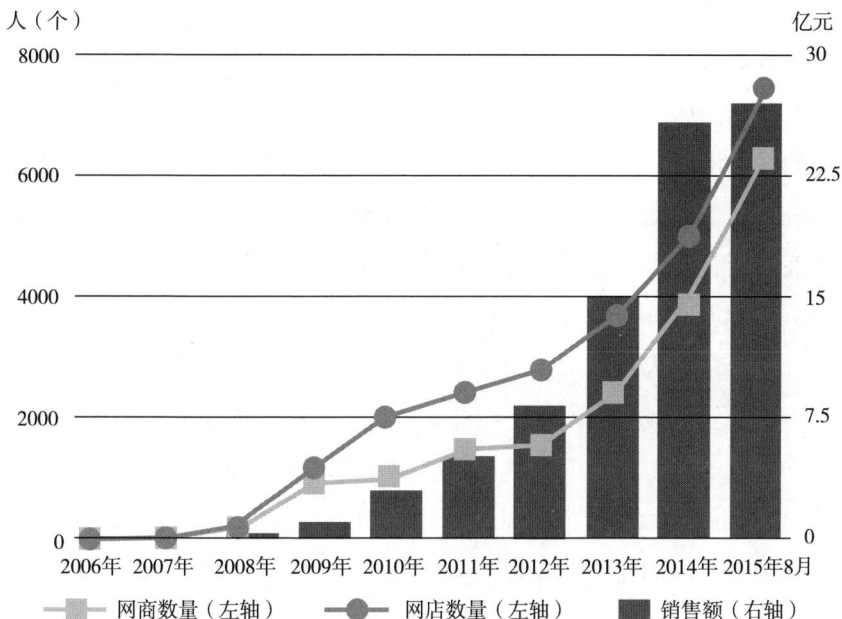

图 5-1 沙集镇网商数量、网店数量和销售额变化情况

(资料来源：沙集镇电子商务服务中心)

在对沙集镇第一位淘宝网商孙寒的访谈中，特别谈到了他传授技术的第一人，正是 2008 年国际金融危机中的废旧塑料回收加工行业的从业人员。

访谈者：在您的记忆中，您的淘宝技术第一个是传给谁的呢？

孙寒：第一个是王朴。

访谈者：为什么会决定传给他呢？

孙寒：他家跟我家就隔一条路……那时候快递公司达到一定业务量就开车来我家拉货，一拉一车，就是面包车，他看到我这边做得不错，就说："你做得不错，应该利润还可以吧。"那时候正好赶上国际金融危机，废旧塑料价格降得比较厉害，买了到家就贴钱，没办法再进材料，他在家也没事，然后就跟着我干。

我是 2007 年中旬开始干家具的，干家具之前是在网上卖一点小东西，那时候没人做，因为一个月只有两三千元的利润，做废旧塑料回收比这个利润大多了，没人做这个东西。

对于访谈中提及的王朴来说，电子商务这一技术的可及性实际上在其开始从事电子商务的两年前（2006 年）就已经满足了，毕竟和使用该技术的先行者仅仅隔了一条街且关系密切，只是对于当时的王朴来说，回收废旧塑料所得的利润远超通过电子商务销售小物件或是家具所得的利润。同时，以孙寒为代表的网商先行者还没有获得足够的红利来吸引其他产业的从业人员进入。2008 年发生的国际金融危机给当地产业转型带来了契机，形成了本地电子商务家具行业快速发展的规模化基础。

随着本地电子商务的快速发展，政府的关注重心也发生了变化，从 2013 年开始逐步取缔废旧塑料的回收和加工，2014 年，睢宁县发布《县政府办公室关于印发〈睢宁县污染严重小企业整治实施方案〉的通知》，全面整顿辖区内的废旧塑料加工企业，2015 年，取缔了本地的废旧塑料加工产业。2016 年初，沙集镇也专门发文，"全镇废旧塑料（物品）经营企业（个人）必须立即停止一切经营行为，并于 2016 年 6 月 20 日前自行拆除生产经营设备、清除存货"。自此，原有废旧塑料回收加工产业在当地基本完全消失了。

国际金融危机对沙集废旧塑料回收加工产业的冲击使得原有产业的收益显著下降，电商产业的红利和相对收益变得更有吸引力，大大降低了从传统产业向电商产业迁移的成本，为电商产业的发展提供了规模化基础。

2. 商业传统的孕育

由于东风村的人均土地不足一亩，农业生产不足以满足村民生活需要，东风村的村民从事农业生产的比例一直很低，历来有经商创业的传统，商业气息浓厚，几乎家家户户都做点小生意。在睢宁沙集镇村民从事废旧塑料回收加工行业之前，这里的人们历经多个产业（包括粉条生产销售、养猪、废旧塑料回收加工等）的熏陶和浸染，历经数代人的传承，具备天生的商业敏锐性。商业精神和对市场的敏锐性不仅对传统产业适用，在电商产业发展过程中同样至关重要。有着浓厚商业传统的地域在传统产业转向电商产业的过程中，转移成本更低，转移过程更快。

睢宁分管电商工作的县领导杨磊，对本地的商业传统感触很深。

杨磊：很多人问我为什么这个地方有网商。这个地方的人天生有商业基因，有商业基因的人才能做商业。我在吕梁讲过电子商务，那个地方为什么做不好，因为总体上缺乏商业基因，就算有人也没有用。这里为什么学习那么快，复制那么快？这里的人从他的祖辈、父辈很多都是做生意的……淘宝平台低门槛、简单易用，多数人具备使用能力和机会，为什么这个地方最先发展起来？理由是这个地方具备商业基因。废旧塑料来自全国各地，为什么有商业传统？因为走街串户，跑到全国各地去收废旧塑料，然后用破碎机破碎、锤子敲，把橡皮上的钉子拔掉、清洗，送到苏南、长三角地区加工。沙集镇人均收入在全县是最高的，睢宁县最大的老板最早出现在沙集镇。他们不仅在本省做，内蒙古的很多商人特别是建材装修的商人基本上以睢宁人为主，20世纪90年代内蒙古的建材装修产业几乎被沙集镇的人统治了。

《中国淘宝第一村》第16页对王君甫（东风村原党总支部副书记兼淘宝人）的访谈也反映了本地商业传统对电商产业发展的影响：为什么淘宝在东风村可以发展得这么快？一是这里有经商基础，大家看到有什么能挣钱的，一家看一家，大家一齐上。二是这里的人大大小小都做过些养家糊口的生意，手里多少都有些积蓄，能够自己凑出本钱，难不倒大家。这就跟滚雪球似的，越滚越大，加入的人越来越多。

3. 人力资本的转化

在沙集镇的电商从业人员中，有两类人员占据绝大多数，一类是外出打工、后返乡创业的人员；另一类则是本地从事废旧塑料回收加工或者其他非农产业的人员。这两类人员从已有产业向电商行业的转化，为本地电商产业发展提供了重要的人力资本。相对于一些外出打工比例较低、农业就业比重较高的村镇，睢宁本地的产业传统，通过外出务工经历培养的市场意识，使得这些从业人员在电商发展过程中能相对更迅速地捕捉信息、筹措资金、整合资源，更敏锐地作出市场决策。

对此，睢宁分管电商工作的县领导杨磊曾对睢宁电商发源地——沙集镇和睢宁其他地域的人力资本进行过比较，他认为电商乃至经济发展差异和本地商业孕育的人力资本有很大关系。

杨磊：睢宁县东部镇和西部镇历史渊源和商业传统差别很大。2010年，我提出把东部镇（四镇一园）打造成东部的集中区。当时主要考虑到物流的便捷性，根据物流半径来划定这个区域，实践证明，东部四镇一园是全县发展最快的地区。我在东部的邱集镇做过镇长，在高作镇做过书记，也在西部镇做过书记，西部镇的人思想很保守，基本上从事农业。西部镇人均土地1.5亩左右，土地多，就不愿意选择土地之外的工作。同样是一个县的人，打工半径和打工地点选择不同，东部镇的人打工地点主要分布在长三角、珠三角，西部镇的人打工地点主要分布在北京、天津等地。

对网商的访谈显示，沙集村民的商业敏锐性和做生意的热情体现在诸多细节上。

张程：因为淘宝商城才下来，他也不懂，淘宝商城当时要交16000元，其中10000元质保金，6000元服务费，所以说他也不懂。我就在那边学了六个月。

访谈者：在杭州？

张程：对。

访谈者：在杭州干嘛呢？

张程：……杭州那边有做淘宝商城的，像卖衣服，没事就多跑跑，杭州那边不是有一个批发市场吗？没事就逛逛那个市场，然后了解一下，淘宝商城在里面做什么，怎么去做。天天没事就是这样，吃完了饭，等店小二下班了，在门口请人家吃饭，然后聊聊天，人家上班了，再去隔壁的批发市场里面，看人家怎么在淘宝商城里面卖东西……我来来去去，到那里最少住一个礼拜，最多住半个月，杭州那边的酒店我都包半年，没事儿就去。因为这个东西就怕钻研，要是不钻研的话，根本什么都不懂，是不是？你天天没事儿，他上班然后你就下班了，你下班没事儿，到边上那个聚集处看看人家怎么去交易，一看时间到了，赶快到楼底下，逮到哪个人就拉着哪个人，我这个人性格挺随和的，谁都愿意跟我说话。然后到那里就交了一帮很不错的朋友，甚至不知道姓名就跟人家吃饭去了，就跟人家聊天取经。

根据陈恒礼（2015）撰写的关于睢宁县沙集镇东风村电子商务发展的专著《中国淘宝第一村》及笔者在东风村的调查资料制作了表5-1。

表5-1　睢宁县沙集镇被访者从业情况变化

姓名	开始电商年份	原先产业	现今产业	原先产业地点
孙寒	2006	电商相关行业	家具	上海—睢宁
陈雷	2006	摄影	家具	广东—睢宁
王跃	2007	蛋糕房	家具	凌城—睢宁
刘兴利	2008	企业雇员	家具	南京—睢宁
王朴	2008	废旧塑料回收加工	家具	睢宁
沙俊超	2008	废旧塑料回收加工	家具配件	睢宁
文道斌	2008	企业雇员	家具	台州—睢宁
徐峰	2008	打工	家具	南京—睢宁
段亮	2009	废旧塑料回收加工	家具	内蒙古—睢宁
沙庆	2009	开出租	家具	海南—睢宁
陈彬	2009	多个地方打工	木炭	上海、苏州等
徐松	2009	酒厂负责人	家具	宿迁—睢宁
康荣	2010	企业销售	家具	临沂—睢宁
沙秋菊	2010	废旧塑料回收加工	家具	兰州—睢宁
程怀宝	2010	打工	家具	无锡—睢宁
唐宝志	2011	国企雇员	家具	南京—睢宁

资料来源：访谈资料；陈恒礼.中国淘宝第一村［M］.江苏：江苏人民出版社，2015。

虽然上述个案在选择的时候可能出现代表性偏差，但上述群体可以在一定程度上反映在沙集做得比较好的商户的一些基本特征。两类群体中，人力积累的过程是以个别外出务工人员为先行者，本地从事废旧塑料回收加工的人员和外出务工人员逐步加入，在本地占比较低的务农人员参与相关辅助工作，由此形成日益壮大的网商群体。

综上所述，所谓睢宁电商家具产业的"无中生有"，并不意味着电商发展和原有产业之间没有关系，而是原有产业不能直接衍生出电商集群，电商产业并非"原有产业 + 互联网"的结果。但在事实上，原有产业孕育的商业传统、积累的人力资本，包括留下的废旧厂房、积淀的资金实力等都为电商产业的发展提供了重要基础。看似"无中生有"，实则为电商产业规模效应的形成埋下了伏笔。

二、赤壁：特色产业 + 互联网

与睢宁县沙集镇早期依赖单一产业不同，赤壁的村镇大多以农业产业为主。作为国家级农产品主产区，赤壁的农业产业具备一定的发展基础和发展优势，盛产青砖茶、大闸蟹、猕猴桃、鱼糕、刁子鱼、脐橙等特色农产品，基于本地较为发达的农业基础，赤壁于 2013 年获得了"中国绿色生态产业展览交易基地"的牌子。

在电子商务相关产业和产品的选择过程中，多数地区从本地特色产业出发，希望借助互联网手段，即通过" + 互联网"带动特色产业发展和特色产品的营销，电商发展和传统产业之间存在路径依赖和较强的关联。在对赤壁的调研中，当地多数电子商务创业者以最为常见的可及性作为创业的重要选择指标，即"本地有什么就卖什么"的思路，一位在赤壁电商中做得较有起色的商户谈及她当时选择从事青砖茶网上销售的原因：

访谈者：当时开网店为什么选择做青砖茶而不是其他产品？

吕香雪：我是 2011 年从广东回来的，因为我们家祖祖辈辈是做茶的，我奶奶是羊楼洞雷家大院的后人，所以就选择了茶叶这一块。刚开始的时候，确实觉得很艰难，因为没有做互联网销售的时候，可能一个星期都没有人进来。这个跟我们本地的生活习惯有关系，虽然我们这里产茶，但是本地真正喝青砖茶的人非常少。我是2012年5月开的店，之前在下面开，到2014年都没有生意，我就很着急，而且本地人都喝绿茶，不喝青砖茶，都感觉青砖茶好像都是粗茶。

对于吕香雪来说，决定从事青砖茶行业的重要原因是家里有生产和销售青砖茶的传统，在没有通过互联网销售前，该茶店连续两年实体销量不佳，其中一个非常重要的原因是本地历来是青砖茶的产地而非主要市场所在地（由于饮食习惯的差异，赤壁生产的青砖茶虽然历史悠久、底蕴深厚，但是历史上主要作为边销茶销往边疆地区）。通过互联网渠道和商户本人的学习钻研，现在能够保持每月8万~10万元的网络销售额，但是和同品类的茶叶以及较为成熟的淘宝村的人均销售额相比，还存在比较大的差距。

这种基于本地原有产业的特色产品开展销售的策略虽然降低了商户的搜寻成本，但是由此带来的是协同成本的迅速提高，特别是对于那些特色农产品品类丰富但是单品规模与特色并不突出的乡镇来说尤其如此。根据赤壁市政府的统计，目前在网上销售的赤壁本地产品有"赤壁川字号砖茶、中华猕猴桃、西凉湖大闸蟹、龚嫂鱼糕、陆水湖桔子橙子、土鸡蛋、蜂蜜、茶叶等特色产品上千个"。这些产品无一例外都是赤壁本地的特色农产品，但是单品规模和特色并不突出，产品与产品之间的协同关系较弱，难以形成本地的特色拳头产品。在对赤壁电子商务产业的调研中，本地商户也注意到了协同的难度问题。

杨俊：如果更深层次去讲的话，还是要有本地的特色产品，没产品也不行，因为现在的顾客越来越注重产品本身了，赤壁的土特产比如说鱼糕，本地比较好的是龚嫂鱼糕，或者说茶叶，其常规模式确实还行。但关键是怎么把这个氛围炒出来，因为茶叶这种东西是需要炒气氛的，作出文化的。

因为赤壁是一个农业县市,以农产品为主。但这其中没有一个我们能够去搞的东西,如果行业交流,一说到广东的很多地方做牛仔裤,哗哗哗全卖牛仔裤,不管是线上还是线下。当你买一个村或者是买一块地方甚至是整个市的一个地理标识产品,就说明作出特色来了,这个特色我也知道,不是说我想把它打造成特色它就可以成为特色,肯定要与市场相结合是不是?你也要了解到电商市场跟外销是什么情况。

在与杨俊的讨论中,有两个重要的变量值得关注,一个是产品属性问题。对于茶叶这类评价标准较为模糊的产品,产品的销量与产品品质之间关联度较弱,而与在市场中的宣传能力更为关联,也即文中所讨论的"炒氛围""作出文化"。这类带有文化属性的产品单靠个体商户很难快速提高营销规模,即使赤壁市政府这几年将宣传的焦点放在青砖茶上,也难以在短期之内提升产品的文化价值,对于本地其他的特色产品来说更是如此。如何在接入更大网络的同时既保持产品特色属性又能得到广泛认同,是这一类产品需要首先面对的问题。

访谈中提及的另一个重要变量是基于地理的特色标识,基于地理的特色标识可以进一步区分为基于地理自然属性的特色标识和基于地理产业属性的特色标识。无论是自然禀赋还是人为建构,前者与基于文化属性的特色标识的逻辑类似,都具有本地区的独占性特征,而基于产业属性的特色标识则是构筑在本地产业带之上的,要求本地产业明显优于一定范围内的其他产业。对于本地商户在不同产业分散经营的情况来说,想要形成上述特色极为困难。

因此,对于选择"特色产业 + 互联网"电商模式的地域而言,特色产业本身的规模、产品属性至关重要。小众的、文化属性强的产品即使" + 互联网",也无法像大众的、实用性强的消费品那样,无限扩展市场空间,放大乘数效应。特色产业如果自身的规模有限且难以扩展," + 互联网"也无法解决产业发展的根本问题,这一直是特色农产品网销面临的困境。

第三节　产业内生与政府打造的规模效应

规模效应的重要内涵是，在边际成本为零的情况下，对于前期的固定资产投入和其他初始投入，通过后期不断生产，能够逐渐降低产品的单位成本。在技术竞争过程中，已经形成规模效应的企业能够轻易击败新进入的企业，成为长时段的价格垄断者。如果我们将视角放在新兴互联网产业层面上，电商产业发展中最常涉及的固定资本投入就是道路和互联网基础设施的建设，不同地区的产业竞争也涉及这些固定资本投入是否被有效利用的问题。在这一过程中，有多个主体参与其中，比如政府进行了基础的固定成本和初始成本的投入，刺激企业进行新一轮的固定成本和初始成本的投入，由此形成了对企业的规模效应。而其他企业，诸如物流行业也会因为一个地区产业发展的情况发生集聚，从而降低整个地区的物流成本。我们将围绕基础设施的规模效应分为两类，一类是产业内生的规模效应，另一类是政府打造的规模效应。

一、睢宁：产业内生的规模效应

关于产业内生的规模效应，我们主要以睢宁县本地物流和平台发展为例展开分析。

（一）借助第三方平台形成的规模效应

除了物流的快速发展带来的基础设施的规模效应外，全国各大平台之间为吸纳更多的消费者而进行的大量初始投入，则是互联网环境下规模效应的直接体现。对于接入主流电商平台的企业来说，接入意味着市场规模的乘数效应和潜在差异需求的乘数效应能够发挥作用（邱泽奇等，2016），即大大降低了市场的搜寻成本，同时由于潜在差异需求的存在，每个生产商都能够获得差异化产品的垄断定价权，进一步扩大了产品的红利。

由孙寒引领的电子商务浪潮，一开始就是在中国最大的电子商务交易平台生根发芽的，因此睢宁本地产品链接的几乎都是淘宝平台。阿里巴巴集团为淘宝平台提供了互联网上的初期固定资产投入，对于本地商户来说，一旦链入其中，就能形成与本地物流行业规模效应相互促进的商业发展环境。不仅如此，对于初期接入平台的商户来说，还产生了线下同类型企业无法产生的高额红利。

访谈者：一开始（2009年）第一个月您就赚了70000多元？

康荣：对。

访谈者：您当时在技术方面没有遇到什么瓶颈吗？

康荣：我当时做很简单，这么说吧，当时整个淘宝上面做家具的不超过200家，但是买家有将近4000万人，这个肯定是一个巨大的市场。而且当时也很好做，不像现在你来买我的东西还跟我砍价，当时没有，就是直接就买了。……他也跟你聊，但是基本上不砍价，那时候利润是非常高的，大概有400%的利润。

陈洪远：2012年之前我是从人家那儿拿货销售的，那个时候也不错，利润很可观，拿货也可以一年赚十几万元。

对于早期从事电子商务的商户来说，2006年至2012年这一阶段是电子商务的高利润期，按照被访者的说法，此时的利润率"跟贩鸦片差不多"。这一高企的利润不仅对于那些有家具生产能力的商户适用，而且对于没有生产端、仅仅通过拿货再通过网络销售的商户也同样适用。这也证明了这一高额的红利并不是来自产业的生产环节，而是销售环节。

与阿瑟所讨论的规模效应不同的是，正是因为这一规模效应涉及了多个主体，特别是互联网的规模效应的转移成本较低，导致这一维度上规模效应的锁定的减弱。对于个体商户来说，任何一个平台的互联网的规模效应都足以使单位销售成本足够低廉。在睢宁沙集镇的调研中，我们还发现了一些先行者尝试在多个全国性平台间切换，在平台的竞争中寻找新的利润点。

访谈者：您现在主要是做京东这一块是吗？

孙寒：对，我这几年主要是在做京东，然后现在阿里研究院打电话跟我说，我们希望你继续在淘宝平台经营，需要什么支持我们给。阿里研究院经常找我，我还准备再试试，店已经开了，产品定位还没做好。……2013 年 6 月关的天猫店，然后 8 月申请了一个京东自营，反正不能闲着，因为正常申请京东都是京东 PUP，PUP 和天猫一样，但是我的自营平台就是把货入到京东的仓库，这个量比较大的。当时是因为我之前给别人做代工，那一家给我这样讲的，然后我就去申请，但是不好进，后来我找到宿迁一个朋友，……到今天全沙集就我一个人是自营，没有第二个。

孙寒的天猫店之前受到恶意攻击，由于淘宝的信誉评价体系，该店无法继续经营，此时孙寒通过个人关系入驻京东，角色从销售商转为供货商，从而解决了天猫平台上可能出现的问题。同时，在两个全国层面的电商平台上转换也不影响使其受益的规模效应。

（二）从依托外地物流到发展为物流基地

根据睢宁县政府的统计，2006 年，全市只有 EMS 一家快递企业，而到 2016 年，全县的物流快递企业已经达到了 83 家，物流快递网点近 300 个，实现了设计、生产、包装、仓储等"不出县"，其中产业发展的龙头东风村已经实现了上述环节不出村。而在 2012 年以前，政府对物流行业的扶持力度并不大，物流的集聚更多的是依靠本地产业发展的吸引力。我们对本地电商先行者孙寒的访谈印证了早期物流发展的基本动力。

访谈者：说到物流，能简单介绍一下这些年本地物流情况的变化吗？

孙寒：2007 年左右我们发物流都是发平邮，速度非常慢，网上也看不到信息。……刚刚卖木条的时候这个事情也就坚持了两三个月，然后销售量起来了。(邮政)跟我们约定超过 4000 元就上门免费取货。但是当月就超过了 10000 元，再后来就是圆通快递，圆通快递其实一直都在，但是大件家具没法拉，之前是骑着摩托车，背个蛇皮袋来拉货的，后来因为木条都比较长，他们也拉不下，就买了面包车。

在孙寒刚刚开始通过电子商务销售家具时，首先面对的问题就是物流基础设施的缺乏，只能通过广覆盖的邮政寄送产品，一开始由于销售量较小，孙寒必须自己骑摩托车到宿迁市送货寄出，产生了一定的量之后，宿迁市的邮政开始愿意免费上门收货，甚至为收货更新了物流设备，由此产生了物流行业在沙集镇集聚的最初动力。

物流产业的快速集聚带来的是价格上的优势。

访谈者：从最早做淘宝店以来，这边物流成本的变化是什么情况？

陈洪远：那肯定是越来越便宜了。……对我来说是从 2010 年到现在，便宜了多少倍都不知道，你说的是单笔价格吧。这个价格应该在 2 元一公里的量，按照物流来算的话，现在应该在 1.4 元左右吧，在全国范围内，我们的物流价格相对都是偏低的，因为有地方的优势。……我们这个地方物流应该比全国任何一个地方都便宜，因为量太大了。

产业发展所带来的红利使得物流行业愿意付出初期的固定投入，从而形成了本地可共享的基础设施规模效应，这一规模效应的互联网化，需要结合第一节中涉及的平台的规模效应一起讨论。

二、赤壁：政府打造的规模效应

与睢宁不同的是，赤壁本地的电子商务发展并不是由产业内生的，而是政府试图打造本地电子商务生态环境。从电子商务中重要的物流和平台，都能发现明显的政府打造的痕迹。

(一) 本地平台的规模效应

赤壁电子商务的发展一开始没有依托淘宝、京东等第三方电商平台，而是另起炉灶建设了一个本地平台——新购网。

新购网平台的建设与赤壁市获评"中国绿色生态产业展览交易基地"有直接关系，是政府谋划的绿色基地建设的内容之一，其目的是将新购网打造成为绿色基地的线上平台，结合线下的种植基地建设、交易展览展示，实现绿色生态产品的"买全国、卖全国"。

绿色基地是由协会授予的，与之关联的平台建设也在政府主导下运作。在全国第三方电商平台如淘宝、京东等已经进行大规模固定投入且发展较为成熟、市场联通效应较强的背景下，自建本地平台不仅要额外付出较高的固定成本，其联通外部市场的能力也远远低于成熟的第三方平台。

根据赤壁市中国绿色生态产业展览交易基地电商平台建设方案，"由市政府和本地企业共同组建一家电商公司，具体负责中国绿色生态产业展览交易基地电子商务平台项目的建设与运营，搭建绿色基地的 B2B2C 平台，与阿里巴巴、京东等电商网站合作成立推广渠道，并组建电商孵化器，真正将其打造成为全国性的绿色生态产业云数据中心和大交易平台，从而实现实体交易与虚拟交易并驾齐驱，通过电子商务建设达到'买全国、卖全国'的效果。网站计划于 2014 年 9 月上线，为绿色基地1000 家商户和企业提供网上开店的全套服务，2019 年底前发展各类绿色生态企业客户 10000 家，将网站打造成绿色生态领域的阿里巴巴"。

电商平台规模效应的发挥一方面依靠对外部市场的联通能力，另一方面则依靠平台汇聚产品的能力和规模。两个条件都无法满足的情况下，放弃依托成熟第三方平台、选择自建平台的做法，只会增加初始的固定投入，增加与本地平台和大平台之间的交易成本，降低直接依托第三方平台情景下可能带来的互联网红利。

新购网后台数据和对相关负责人的访谈表明，新购网平台建设远远没有达到预期目标。

新购网提供的后台数据显示，"从 2014 年 9 月新购网上线到 2016 年底，'一网四馆'——新购网与京东咸宁特色馆（2015 年 11 月开通）、淘宝特色中国咸宁馆（2016 年 2 月开通）、苏宁易购咸宁馆（2015 年 7 月开通）、一号店咸宁馆（2016 年 2 月开通）实现交易额合计仅为 5600 万元。其中，新购网交易额为 1200 万元，淘宝馆交易额为 3000 万元，其余三馆交易额共计 1400 万元，销售的主要产品包括青砖茶、西凉湖大闸蟹、神山兴农猕猴桃、鱼糕、陆水刁子鱼、花果山脐橙、贺胜桥土鸡汤等近千款产品"。

孙宏伟：这是平台上产生的交易额，不是销售额，不是全部销售出去的产品。这个数据非常小，这个数据还包括"一网四馆"的交易。新购网的流量其实是非常小的。

对比显示，新购网三年累计的交易额大概是睢宁县沙集镇东风村中一位电子商务经营状况较好的商户一年的交易额，可见地方平台的作用非常有限，互联网的规模效应在这里未能发挥作用。在新购网上能够链接到的消费者的量远远不及淘宝、京东等大平台。这也使得本地商户在互联网上推广产品时需要面对更加高昂的单位成本。

虽然赤壁也是依托互联网平台来发展电子商务，但是与睢宁的网商选择依托成熟的第三方平台不同的是，赤壁最初的考虑是建设和依托本地化的平台，并且对平台发展寄予了很大期望。从实际情况来看，本地平台的资本实力和产品规模仅仅只能对本地产业发展产生少量的在地平台效应，无法享受大平台广泛连通带来的互联网规模效应。

（二）政绩驱动的物流设施投入

对于物流设施的投入，赤壁市主推"三级物流体系"，即以"KH 物流园"为核心，建设服务"商业企业"的一级物流，村镇一级以"邮政、超市和村级服务社"为主，从而形成三级物流体系，其目的是"促进农村电商物流融合发展"。

但是实际上，介入赤壁本地物流体系建设的主体不仅有以"KH 物流园”为核心的三级物流体系，也包括阿里村淘的物流体系和京东等其他各家平台自营的快递以及各类物流企业。由于是政府基于项目来分配资源，不同的物流体系之间获得的政府资源有较大的差异。

访谈者：你们对 KH 物流是什么印象？

杨俊：我对 KH 物流的认识就是做了一个招牌，每个地方都有招牌，每个镇上都会有一张招牌，在镇上面的五家门店放着。但是从来没有人说这个招牌是干什么的。……它们硬件比我们的好得多，门面都是政府出钱租的，而我们村淘合伙人是掏自己的钱来租房子。

由于政府项目对完整性的需求，政府资源配置不可避免地带来了重复建设和潜在浪费。实地调研显示，通过政府招标进入的“KH 物流园”尚未发挥预期中的物流体系作用，不同企业的目标函数无法在政府预设的框架中实现。

孙宏伟：政府希望全力推进三级物流建设，我觉得这个没有意义，因为以前有企业在做，邮政本来就在做，但是做的是小包裹和信件，货品它们没做。我们现在做呢，觉得有好多困难，不好做，推进过程中遇到好多问题。比如要求整合，整合城区物流企业，比如顺达速递、圆通速递、邮政速递以及农村淘宝的菜鸟物流。再比如京东的物流，对它进行整合的时候，哪一家企业都不会买你的账。

访谈者：你说的整合是要求所有的货品统一集中在一个地方，然后往乡镇发送吗？

孙宏伟：是的，我觉得三级物流建设是失败的。各个企业并不听你的，政府再引导，它毕竟是企业行为，并不听你的。比如京东，政府根本整合不了它。京东有自己的物流，它不可能跟你整合，农村淘宝有菜鸟物流，它也不同意整合。邮政也不可能跟你整合，它不跟你搞。京东和农村淘宝的下沉单量是比较大的。

这一整合失败的物流体系带来的一个结果是，形成了工业品下行的速度很快但是农产品上行明显滞后的局面。

访谈者：赤壁的物流成本和其他地方相比，情况如何？

王旭东：我这边的物流成本是 5 公斤 3 元，和江浙沪那边价格差不多。它们看重的是我的规模和长期发展。也有一个问题是，我的量还没起来，赤壁的氛围也没起来。打个比方，如果这边全是电商公司，1 天下来，下午 6 点可以集中出货，1 个卡车可以装满的话，快递是非常愿意的，但是整个赤壁的规模还达不到。用电动三轮车或者货车来拉，效率差很多。这也是我为什么觉得，赤壁目前缺乏电商发展氛围的原因。

访谈者：通过你这里发往赤壁本地和运往外地的物流是什么情况？

王旭东：送货出去的物流通常 OK，大促的时候容易有问题，原因是赤壁电商不集中不发达，所以进到赤壁的货没有问题，但是出去的货有点问题。因为赤壁出去的货比较少，进来的货多。往外发货的话，仓储容量和出货渠道有限。像顺德那边，经济非常发达，大量的货是出去的，有各种各样的出货渠道。赤壁主要是收货，收货很快就可以分发。

产品上行的欠缺直接影响到本地产业的发展，也意味着产品的单位成本高于物流成本较低的区域。对于本地经济的发展来说，上行才是产业发展的根本动力，下行则可能影响本地同类产品的销售和同类行业的发展，其对本地产业发展的影响还需要进一步讨论。

第四节　对规模效应的进一步讨论

一、产业基础与"互联网＋"的规模效应

上文强调了原有产业发展情况对电商产业规模效应的影响。在互联网环境下讨论产业基础问题，不仅需要注意到原有产业本身的发展情况，还需要对基于平台产生的互联网产品效应进行区分，即哪些产品适合在电商平台上销售，哪些产品则不适合，这与产品性质及平台的发展定位

都有关系。对案例的研究表明，本地原有产业发展现状和特点在多个维度上与电商产业规模效应的形成密切相关。

（一）原有产业的锁定与分散作用

研究表明，原有产业的规模效应直接影响新产业（这里的新产业指的是"无中生有"的电商产业而非"原有产业＋互联网"）能否有机会形成规模效应，即来自原有产业的规模锁定作用。具体来说，可以从原有产业的多样性程度和发展情况对原有产业进行区分，如图5－2所示。

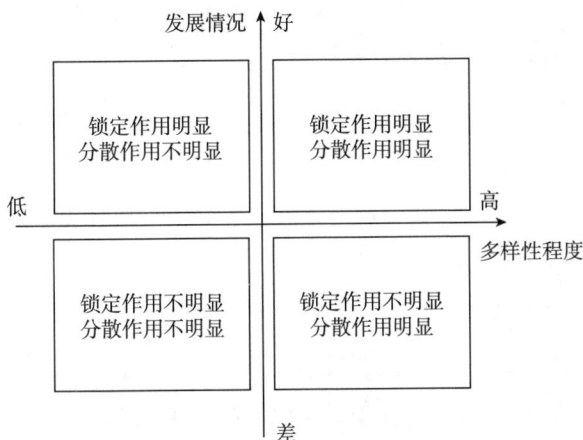

图 5－2　对原有产业锁定与分散作用的讨论

图5－2中，当原有产业发展情况较好时，商户的退出成本较高，对本产业的锁定作用越强，新产业难以发展。此时若多样性程度较高则会出现不同产业"多点开花"的现象，比如案例中所描述的赤壁市的特色农业；若多样性程度较低，则会出现单一产业"一家独大"的情况；当原有产业发展情况较差时，商户的退出成本较低，对本产业的锁定作用较弱，新产业有发展的可能，此时若多样性程度较高，则会提高产业的搜寻成本，而多样性程度较低时，则会使本地商户更快锁定在某一新兴产业中，比如案例中所描述的睢宁县的电商家具产业。这里需要澄清的

是，产业发展情况的好坏是基于个体的主观判断，而不是基于市场的最优决策，若行动者认为该产业发展情况很好，实际上该产业已经是夕阳产业，仍旧在这一框架中被看作是产业发展情况好的情况来讨论。

（二）"互联网＋"和"＋互联网"对规模效应的影响

关于"互联网＋"和"＋互联网"，目前尚未看到明确的区分。本书从规模效应积累顺序的角度，认为"互联网＋"是指创业者从一开始就以电商和实体产业的融合起步，以睢宁为例，创业者孙寒最初的定位就是网销家具，以线上销售为渠道，产业运作是线下生产和线上销售的融合，不是从家具生产向网销转变，而是网销和实体同步发展。相较而言，赤壁则是在原有特色农业的基础上，试图以互联网作为多种营销渠道中的一种。

"互联网＋"和"＋互联网"模式会产生两类不同的规模效应积累机制。这一机制表现在规模效应积累的方向上，在"互联网＋"模式下，厂商以平台方的供给集合为生产导向，即主要生产在平台上能够销售出去的产品，供给和需求在平台环境中得到高度匹配，规模效应在平台这一单维供给中积累。而在"＋互联网"模式中，厂商以可及的多个市场中存在的供给为生产导向，意味着厂商的规模效应投入将会分散在多个市场中，比如同时具备实体门面店和网店。在给定厂商资源供给有限的条件下，如何在不同的规模效应积累方向上分配资源会影响到最终的收益。此时，第一节中所讨论的产业的锁定作用会影响到本地厂商在两者之间的选择。这其中存在传统产业或产品是否适合互联网化的问题。我们将在下一节对这一问题进一步讨论。

二、电商平台与"互联网+"的规模效应

(一)"互联网+"条件下的规模效应

阿瑟所讨论的规模效应可以简单理解为图5-3，即随着产量的上升，原先固定成本均摊的单位成本逐渐下降，即图5-3中的黑色实线。而在互联网环境下，关键的是接入那一时点所带来的单位成本的迅速下降，如图5-3中虚线所示的函数关系，在接入前，单位成本的下降趋势满足阿瑟所讨论的规模效应，但是在接入足够大的互联网平台后，单位成本迅速下降至虚线水平线处，此后产量的上升对单位成本在互联网平台的规模效应上没有影响。

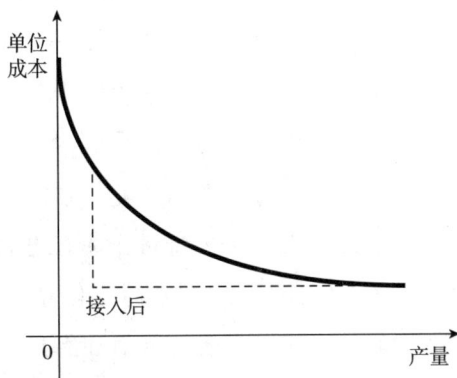

图5-3　传统产业的规模效应和互联网环境下的规模效应

在现实中，不同电商平台积累的潜在规模效应是存在巨大差异的，相较于大平台，对于连通规模较小的平台来说，离X轴线更远。更加细微的差别还在于平台的定位、产业的发展阶段等方面。

上述函数关系要想成立，必然涉及不同主体的参与问题。在接入过程中，不同主体间的目标函数差异会在很大程度上影响规模效应积累的方向。在案例中，我们看到睢宁的"互联网+"规模效应主要是本地厂

商和淘宝平台之间的互动。而在赤壁案例中，规模效应的接入问题则是一个多方参与互动的过程，包括政府、本地电商、本地平台和全国性平台。我们将在之后的章节进一步考察多主体互动的问题。在"互联网＋"的规模效应中，无论牵涉到的主体多么复杂，平台始终是创造红利的基础，需要对平台这一主体进行专门讨论。

（二）电商平台的产品适用性

不同于传统产业的发展和产品的线下营销，本书强调的是在互联网环境下规模效应的形成。因此，需要进一步讨论产品本身的属性问题，即选择的产业是否适合在互联网上发展及其产生规模效应的前提条件。从上文的案例中可以看出，一些被视为本地特色的产品，一旦连通到更大的市场之后，产品的特色属性能否得到保证还需要进一步讨论。

目前，通过互联网进行销售的产品大致可以分为四类，第一类是根据自然规律可获得的商品，如瓜果蔬菜等绿色农产品、当地土特产等特色农产品、鲜花盆景等消费农产品；第二类是依照传统手艺进行加工的工艺品；第三类是仿造已经成熟的品牌或产业；第四类则是寻求在长尾市场中的创新。与一般商品相比，创意商品往往有更高的定价，一些研究者（Howkins，2001）认为创意产品是来源于创意且有经济价值的产品，每次交易都包含了无形的知识产权的价值和有形载体的价值。在给定产品载体的前提下，附加了知识产权价值的产品能够获得更高的收益。即便如此，也并不能认为第四类创新产业的发展的收益一定高于前三类，收益高低仍旧取决于是否能够成为产品的垄断者以及处于市场垄断地位的时长。

而究竟什么类型的产品能够在平台上获得更好的规模效应，则取决于平台的营销模式和平台自身的规模效应积累方向。平台的产品适用性可以从两个方面来讨论，一是产品本身是否适合通过电商平台进行销售，二是产品本身是否适合当前连接的平台，除了淘宝这类综合性的平台以外，各类侧重于特定领域的综合性平台和"垂直平台"都存在一定的产品适用性问题。

如果本地实体产业已经形成规模和品牌效应，形成产业集群，且产品对接了相应的平台，那么电商产业的发展相对简单。如果原有产业发展情况并不理想，并未形成规模，希望完全凭借电商手段带动实体产业发展，或是产品没有对接到具有特定比较优势的平台上，产业发展将比较艰难。以赤壁为例，个体网商主要面向消费者销售特色产品，特色产品本身的规模、品质无法控制，网络销售和产品生产的同步性和融合度低于睢宁电商家具的情况，单靠对互联网渠道的利用难以带来预期之中的电商集聚发展效应。从这个意义上来说，以信息化引领工业化，对工业化的基础或者工业化的发展是有前提条件的，而不是寄望于单靠信息化实现跨越式发展。

在本章中，隐约可以发现不同主体在产业发展中的多重目标问题，由此进一步延伸出对行动主体不同行为的讨论，这就需要引入阿瑟对其他三个机制的讨论。

第六章　学习效应的推动作用

第一节　学习效应中需要厘清的问题

一、对学习效应理论基础的探讨

阿瑟所强调的学习效应（learning effects），即随着一种技术使用时间的延长，使用机会的增加，它会不断地得到改进，企业越能获得有助于进一步改善技术的经验，从而使其成本更趋降低。给定有限注意力的情况下，对于技术使用者而言，学习效应也使得技术使用者无暇顾及或开始对其他技术的学习。

如果我们只考虑企业选择技术时所获得的技术经验问题，那么对学习效应的讨论必须嵌入在企业竞争性的学习行为中来讨论，即选择某种技术后，企业单位时间的技术学习投入所对应的改善技术的收益，影响了企业技术发展的速率，此时，一项较难学习的技术虽然也存在学习效应，但是在和一个更容易学习且结果一致的技术竞争时，后者的学习效应将更为显著。因此，在竞争环境下讨论技术的学习效应，就必须对企业选择的技术本身进行讨论。同时，围绕学习的通道进行讨论，已有的研究注意到了传播的渠道会对传播的效果产生影响，在给定技术条件下，企业选择的技术通过什么渠道进行传播也会对学习效应产生影响。因此，对技术学习环境的讨论也有助于完善对学习效应的讨论。另外，在阿瑟的理论中，主要是由企业来主导整个学习过程，但是在现实生活中，其他主体也会介入学习过程中，因此，有必要对不同主体的参与及影响进行讨论。

　　因此，本章对学习效应的讨论将关注以下问题：首先是对技术本身的讨论，因为技术本身的难易度将在很大程度上影响学习效应；其次是对技术环境的讨论，在有利于技术传播的环境中，技术的学习效应能够得到加强；最后是对技术学习参与主体的讨论，主体间的行为直接影响技术学习目标能否实现。

二、互联网环境下的学习效应

　　阿瑟所论述的学习效应，更多的是通过面对面的学习来完成的，而在互联网环境下的学习效应，则需要考虑到互联网作为一种重要的学习平台这一事实。因此，我们可以将学习效应分为本地实体产业的学习效应、互联网的学习效应和"互联网＋"的学习效应。

　　本地实体产业的学习效应，指的是围绕核心产业，主要通过面对面的人际网络所产生的学习效应。当然，即使通过互联网平台进行学习，但是只面对本地市场的话，也只能实现本地产业的学习效应。

　　互联网的学习效应，指的是通过互联网面向全国乃至全球范围所积累的学习要素而形成的学习效应。在案例中，主要指的是学习使用互联网以及电商平台的技能。

　　"互联网＋"的学习效应，指的是将本地实体产业的学习效应和互联网的学习效应结合起来所产生的效应。与传统产业所不同的是，电子商务的销售环节需要不断更新有关平台运营的规则，否则无法获得相应的平台流量，也就难以实现产业的获利。

　　本章分为五节，第二节围绕企业选择的技术特征展开，主要讨论了技术是否能够在本地实现和技术的成熟度；第三节讨论了技术的学习环境，重点讨论了技术的传播环境，包括通过熟人社会网络和外出打工者传播的技术；第四节则主要讨论政府作为行动主体提供的培训机会，为技术的进一步扩散创造了条件；最后一节是本章的小结。

第二节 企业技术选择与学习效应

一、可以在本地实现的技术

对于在市场中捕捉机会的先行者来说，相关技术或技能能否在本地实现是选择产业时的重要考量因素。如果该技术能在当地习得，而无须付出过高的成本奔赴外地学习，则该技术有在本土生根发芽的可能。反之，若该技术只能在其他特定的地方习得或需要付出高额的初始学习成本，则产业难以在本地发展，也难以在本地形成学习效应。

在睢宁电商产业发展过程中，先行者孙寒在做家具前也尝试了通过电子商务销售其他产品。一次偶然的机会，与一位好友在上海游玩时他发现宜家的简易家具利润较高，就萌生了在本地生产家具的想法，而是否决定生产家具还取决于沙集本地的技术学习机会。在对孙寒的访谈中，孙寒简要谈及了最初寻找生产厂商的经历。

孙寒：当时没想那么多，主要是喜欢。看宜家的产品利润比较高，我跟陈雷整天跟傻子似的拿个木条，满大街去转，找一家能把这个做好的厂商。……当时就是这样的，拿一根木条到处找，看谁先找到。……找了20多天吧，中间也找了几个，都是不靠谱的。有的基本上放弃了，原材料也没有，技术也不行，准备放弃的时候，陈雷家对面有一个家具厂，不是家具厂，是一个家具卖场，家具卖场的老板说他有一个小家具厂，可以尝试着做一下，也就是刚刚在底下看见的王木匠。他是陈雷家对面卖民用家具的，卖床，卖一些大衣柜，就是婚嫁用的那些家具，他自己做了一部分，还有一部分从别的地方拿货，有一个小的家具加工厂。

从访谈中可以看出，睢宁虽然没有家具生产的基础，但是宜家的简式家具相对容易仿制，并不需要以成熟的家具生产技术为基础，只需要日常生活中的家具生产技术就可以满足早期的市场需要。

从另一位与孙寒熟识的早期先行者的访谈中我们大致可以梳理出睢宁家具产业的发展脉络。

访谈者：比如我现在找你买一个板式的柜子和实木的柜子，出货周期差多少？

张国庆：这个包括我们现在卖货都是卖库存货，以前是卖一件货到厂里订一件货，周期比较长，一般3～4天发货。而现在卖货则是当天有80%～90%就发出去了，很少有隔天发货的，因为谁买了东西都想尽快收到。

当时我开厂的时候，是在宿迁拿的货，因为我们几个人一起拿货，我们的量逐渐起来后，他们厂就供不上我们。淘宝那时候说白了只有我们这边在卖家具，我们是最早在网上卖家具的。一搜家具或者是同类的，除了宜家这种简欧式家具就是我们几个人，没有其他人。

从委托王木匠开始小规模生产到在宿迁拿货，为本地家具行业的平台销售端积累了足够的经验。从拿货到自己开厂生产，则为本地产业的规模化经营打下了基础。随着本地产量的不断扩大，本地电子商务的发货速度也随之提升，进一步强化了规模效应的作用，而这一产业发展的基本路径也显示出本地技术学习能力的逐步提升。

对于早期先行者孙寒来说，本地的王木匠提供了简易家具小规模试水的可能，使得基本的家具生产技术和电商运营技术能够习得，对于早期大多数（比如张国庆）来说，宿迁的木材厂提供了销售集群化的可能，使得孙寒的家具电商运营技术能够传播。一旦通过销售端完成资本的原始积累，就为生产端的试错提供了足够多的机会，从而使得睢宁本地的家具产业具备了集群化发展的可能。

另一个值得注意的问题是产品设计，对于没有任何家具设计经验的先行者来说，如何实现一件家具的整体设计是一件较为困难的事情。虽然在本地没有宜家家具城可供借鉴，但是对于驱车500公里可达上海的睢宁来说，可以通过相对较低的通勤成本直接到宜家店面学习，宜家的经营方式也为初创者的学习提供了可能。

访谈者: 你去看宜家的产品吗?

张国庆: 宜家我每年都去,只要到上海、无锡还有南京,我都要逛一下宜家,看一下它有什么好的款式,我自己能做的。因为我们选款,不是说我选款就是看我厂里能做出来的,从这中间选。如果它是做欧式的,而我是做韩式的,我肯定不会选这样的款,我选这样的款,我要上一整套设备的。

访谈者: 您到宜家是什么样的学习过程呢?

张国庆: 我有看好的款式,就拿手机拍照。因为它就是体验馆,随便你拍照,到宜家几乎没有不拍照的。……它有产品图册,有产品的组装图,就是一个体验馆。其实我们现在做家具不看尺寸,我就看一个图片,就是看图片有多少比例,我们就可以把它给生产出来了。

首先,宜家提供了产品陈列的体验馆,并允许拍照;其次,宜家提供产品图册,图册上标明了各种产品的规格;最后,宜家的家具设计在行业内水平较高,直接通过宜家学习家具设计能够显著降低产品的市场风险。并且,2008 年开业的南京宜家和 2010 年开业的无锡宜家进一步降低了睢宁本地家具创业者的通勤成本。上述因素使得睢宁本地家具产业的学习成为可能。

二、嵌套在成熟技术下的技术

上文结合本地技术和资源讨论了学习效应实现的条件,本部分主要讨论的是技术本身的学习效率问题,我们可以用学习效率来衡量技术的成熟程度。如果企业选择的技术实际上已经是另一个成熟技术的子集,那么对于企业来说其学习的效率会相对较高。这一效率体现在两个方面,一是这一成熟技术本身就有了较长时期的发展,降低了技术的学习成本,即学习的难度较低;二是一旦待学习者链入该技术,该技术能够提供更加丰富的学习材料,即有成熟的学习体系。

　　对于睢宁本地家具产业的发展来说，既可以选择传统的门店式销售，也可以通过新兴的互联网电子商务的方式来售卖。对于淘宝等电商平台来说，假定利润和成本模糊的情况下，若电商技术的学习成本高于门店式销售的学习成本，则商户可能没有足够的积极性使用电子商务的方式进行售卖，尤其是对于没有足够计算机使用技术的商户来说，电子商务的售卖方式更是一个未知的挑战。针对这一问题我们访谈了早期创业的商户。

　　访谈者：您刚才是说，您在做淘宝之前，几乎没有用过电脑？

　　张国庆：没有，之前打字都困难。

　　访谈者：那您当时回来开淘宝店铺的时候，这些东西是谁帮你弄的？

　　张国庆：开始开店的时候，淘宝那时候也刚开始，很简单很简单。阿里旺旺……QQ 那时候会用一点，就是打字非常慢，费劲一点。当时我们几个人，因为也注册了，就是旁边有个人稍微指点一下，就注册一个店铺，当时店铺也不懂得装修，就直接把那个产品截个图，往那儿一放，那时候也少。

　　访谈者：那这个操作其实还蛮复杂的，比如建店铺，包括上传图片，你以前都用过这些吗？

　　张国庆：没用过……那个时候因为孙寒他们几个人已经做好了，上传图片有时候我让他们教我，其实很简单。……指导一下就会了，里面也没有什么技术含量，因为大家都不懂，就是把图片上传上去，然后点击发布，就可以在网上销售了。……（开店的）门槛很低，没有太高的，要现在的话可能门槛高了。

　　对于张国庆这一原来"打字都困难"的商户来说，早期的淘宝运营仍旧算是一个"很简单很简单"的事情。从访谈中我们发现，早期淘宝电子商户的技术大致包括：（1）使用阿里旺旺的技术；（2）注册开店的技术；（3）上传产品图片和描述的技术。对于张国庆来说，使用阿里旺旺的技术与过去使用过的 QQ 差不多，而且，开店和上传产品信息的技术只需要有一位较为成熟的商户教授就可以完成。

另一个衡量技术学习难度的指标是技术的学习成本，一些技术虽然不难学习，但是需要通过缴纳一定的费用或是先期的投入才能开始学习过程，在早期淘宝平台的发展中并不需要在平台上开店的商户缴纳费用，这为商户提供了足够的试错空间。

访谈者：你学了多久？

张国庆：学了两三天吧。

访谈者：都学了些什么？

张国庆：上传图片，申请店铺，店铺注册下来之后审核图片，上传图片以后就可以了，就没有了。

访谈者：那你担心过吗？比如说我注册这个店铺的时候，会不会被人家盗号，钱会不会丢了。

张国庆：没有，因为那时候电脑对我们来说都是空白，我们都没预想那么多。注册下来之后，看能不能卖动货，当时也就是抱着试试玩的心理去做的。

以上讨论的主要是淘宝平台早期的学习门槛和学习效应。随着淘宝平台的发展和不断完善，平台本身成了规则的创立者（唐远雄，2015）。此时仅仅通过网商个人或本地学习已经难以很好地适应淘宝规则的变化。尤其是淘宝根据自身的规则设立产品的流量分配。在对睢宁商户的访谈中，一些被访者专门提及了平台的流量问题。

刘成林：爆款比如说我这个桌子、床、架子类，或是我的收纳类，那么这个东西，在每一个类别里面，你要有一个比较好的，这样它的流量就非常多，这个流量是它控制的，确实是它控制的。我在刚开店的时候就发现了，我认为它就是一个自来水，它往你这边放得多，你就卖得多一点。如果不往你这边放，你就算从早看到晚，电脑也不会响一声，都是它控制的。所以我们要随着它（淘宝平台）的规则变化而变化，一定要跟上，不跟上是不行的。新政策一般都会有各种通告，但是很少有人去看那个东西，只是看我今天卖了多少货，今天出了什么问题等，实际上平台这个东西，是我们卖家的一个关键，你不跟着它走，你都不知道怎么回事销量就发生变化了，就是这样的。

刘成林将平台的流量控制比作自来水，当不符合淘宝平台规则时，平台可以通过流量控制使商家"从早看到晚，电脑也不会响一声"，这等于完全丧失了连通平台的意义。想要获得平台的流量，就需要通过学习平台的规则来进行有效销售。针对平台规则的学习，我们进一步访谈了刘成林。

刘成林：淘宝平台一般会有通告，在通告真正出来之前，我们要先了解它的消息，怎么了解到呢？一般是我们参加它的第三方培训，培训是平台的相关负责人或者说内部人进行的，很多政策出来之前他们事先是知道的。参加培训的老师，包括同行，在我的特有的群里他要发消息，一发我们就知道下面要干什么，我们要及时地调整。在正式通告发出来之前你就已经调整了，它就觉得你这个店是很健康的店。

对于刘成林来说，通过淘宝的培训班学习平台的规则是一个重要途径，通过培训班或培训负责人可能事先透露的规则变化来"装修"或调整店铺能有效提高店铺的健康水平和销量。

不仅仅是淘宝平台规则的变化，不断更新的运营策略也需要商户进一步投入时间去学习，对赤壁网商的调研也印证了学习效应的积累和作用。

吕香雪：2014年的时候，那个时候只能做到四五万元，没有办法突破了，我觉得很奇怪。总是这个样子，没有办法去突破，我说这个肯定是有问题的，如果你不去进修肯定突破不了。这就是淘宝的一个技巧，就是在直通车这一块，之前我们是不太懂的，后面直通车老师教了我们一个去看数据的方法，比如说总结一下哪个词的点击率比较高。关键词这边，如果说你把它运用得好，怎样去把这个标题优化，搜索的次数越多，这个词就是一个大词。怎样用钱来关注这个词，比如说把它提高到5

元或者6元，让点击的人越来越多，然后去把你的详情页优化一下。

　　研究显示，随着淘宝平台规则的变化形成了不断递进的学习需求，一开始使用这一技术的门槛并不高，但是随着店铺进一步发展，卖家不仅需要学习诸如店铺装修、产品描述等围绕虚拟商店本身的技术，还需要学习产品引流、转化、优化等直接和控制流量方的平台打交道的店铺运营技术。平台围绕着流量展开的规则构建成为网商必须学习的知识。

第三节　嵌入社会关系网络的学习行为

　　上一节主要讨论的是围绕技术展开的学习效应，本节主要讨论通过本地社会关系网络所产生的学习效应。

一、农村熟人社会网络

　　多数电商县市的发展是从村镇起步，创业主体以农民为主。因此，其发展情况与农民群体、农村社会的特点高度相关。由于农民群体的思想相对保守，对于新事物普遍持有谨慎甚至排斥的态度。电商在县市获得快速发展很重要的一点就是要得到农民的接受，并且激发其投身其中的愿望和动力。中国传统的乡村社会是"熟人社会"，不同于成熟市场经济下的商业社会，其社会关系网络紧密，有着彼此认同的规矩，信息相对较为对称，对于信息扩散和网商的相互学习具有天然优势。一个农村网商发展起来，很快就会形成涟漪效应，向周边的亲友、邻居扩散。在睢宁的调研中能够明显感受到这一农村熟人社会网络在推动技术发展中的作用，通过农村熟人社会网络形成了第一批的创业先行者，这一传播逻辑也符合费孝通提出的差序格局。

　　张国庆：我们现在做家具简单多了，一般都是使用机器，稍微学几天就会了，很简单，现在也很简单。因为那个排孔，包括裁板都比较先进了。……当时我们几个人做的时候都没打算告诉别人。……我们10来个人，都是自己的好兄弟。……都是发小……因为我们以前都是家家户户串门，跟城里不一样。你说我买的房子，到现在对门是谁、楼下是谁我都不知道。因为这个东西城里跟农村不一样，农村十里八村都知道。……我们都在一起的，我们到六年级了，一年级小孩也都是我们本村的人，一个庄子的，所以说农村都是这样的，不是说我们这块，全是，普遍都是这样的，所以呢农村十里八村都认识，都是这样的情况。那时候都是我们几个人一起去玩，反正有学的就在那儿玩，当时还没有淘宝现在的氛围，当时也没想到能做得那么大。以前我们为了一个小东西，就在一起玩，能够玩一天，就是这样的。

我回来的时候，他们几个在做淘宝，说一天卖几件货，那时候卖货都要到宿迁发货，我们这边没有快递。我就带着李云，还有后来盛翔家具的陈老板，我说带他玩，就把他带到孙寒家，带到那儿之后呢，他们就是在网上卖东西，在那儿包货，我们就一起给他包货，玩嘛，没事干，那时候还小。包完货之后，就一起帮他拿到宿迁去发货，当时就是骑三轮车，拿到宿迁去发货，发完货就在那边转一转，反正天天就是这样，几个人在一起，就是天天干这个事儿。

通过农村熟人社会网络所带动的技术传播并不像一般意义上的技术传播那么正式正规、严格严肃，而是通过与伙伴在一起玩的方式完成了技术的传播，许多技术成为"玩耍"过程中的"默会知识"。

在睢宁案例中，我们还发现，村镇熟人社会网络之间的强关系甚至足以使得商业保密约定失效。事情发生在2008年，当沙集镇的先行者们担心越来越多的人加入淘宝家具营销可能会加剧家具销售的内部竞争时，签署了一份保密协议。

《中国淘宝第一村》第22页：这是生意，教会一个就多了一个竞争对手。"三剑客"有些担心。孙寒觉得，必须有所动作了。2008年，他把陈雷、夏凯和王朴兄弟约在一起，开了个"保密会议"，五个人签了协议，承诺"不再发展下线"。实际上，在当时的农村，这种"保密协议"

根本没有任何约束力，更不会起到什么作用。所有对"保密协议"作出过承诺的人，没有一个不违反当初的誓言的。当他们回到家里，堂弟的表亲、舅舅的小姨子之类的亲戚、熟人找上门来，该教的还是得教。总不能因为开个网店把亲戚都给得罪了吧？根深蒂固的传统亲朋观念，在这儿发挥了作用，为推动东风村淘宝的裂变扩张立了大功。农村庞大的亲缘关系最终让这份按了手印的协议不了了之，东风村最终还是不可避免地被推向了"全民淘宝"的时代。

人际关系对保密协议的突破，说明村镇紧密人际关系网络的特殊性。商业保密原则显然和乡土文化、亲缘关系相背离，商业社会中关于信息传递的规则在近距离的人际交往中是无法实施的。这也是全国各地诸多电商集群从村镇发端并快速扩散的重要原因。

相较而言，在赤壁的调研则无法显著观察到产业通过熟人社会传播的路径。

访谈者：村淘合伙人之间的沟通交流呢？

赵航：没有，村淘的也没有。

杨俊：村淘的业务大家都是比较远的平台。

访谈者：你们就村淘业务本身，在村淘工作群里有一些交流吗？

杨俊：村淘有工作群，我们主要就村淘的工作和业务进行交流。

访谈者：电商这块的交流没有是吗？

杨俊：电商没有。

访谈者：非正式的聊天和沟通也没有吗？

杨俊：非正式的也没有。

与睢宁的情况不同，由于赤壁的电子商务试图采取自上而下的发展方式，在产业发展的过程中，本地区电子商务的先行者来自不同村镇，村镇关系网络与电商创业的关系网络并不一致，也就无法激活本地产业通过熟人网络大规模传播技术的效应。

访谈者：我是指赤壁的关系网络，比如说本地的群，本地网商的交流对你的帮助有多大？

吕香雪：没有，我都是通过外地的渠道学习。

访谈者：和赤壁本地电商之间没有交流吗？

吕香雪：没有。

访谈者：你刚才也提到说希望有一个电商协会。

吕香雪：对，我希望通过电商协会得到保护，对地方特产和文化的保护，因为有些网商会恶性竞争，要把我们赤壁的文化、茶叶低价贱买了，我觉得我们的发展太局限了。

在规模效应一章对原有产业的讨论中有提及，由于赤壁本地产业较为分散，这就导致农村熟人社会在学习电商技术时面临多重选择，不仅需要在本地五花八门的产业中选择一个可以电商化发展的产业，而且需要在多个物流体系、本地和外地平台之间进行选择，因而降低了熟人网络的聚焦作用和学习效应。

二、青年创业者——"结构洞"和"城乡纽带"

最早在睢宁县沙集镇创业的网商并非当地从事废旧塑料回收加工的人，多数是携带外部信息回来创业的年轻人，是已经外出打工，甚至是已经有体面工作的人，这些人的返乡带来了大量异质性的信息，显著扩大了电商产业的学习效应。

从各地情况来看，电商县市发展的初期，都有一些青年人在发挥示范和引领作用。调查显示，这几年县域层面返乡创业的年轻人开始逐渐增多，一个被称为"新农人"的群体迅速崛起，带来改造农业生产模式的新思维，改变农产品销售的渠道，并采取"老少结合"的经营模式，即农业技能娴熟的父辈继续从事农产品生产，返乡创业的年轻人通过电商平台开展营销，并反过去引导生产方向。

这些青年创业者的共同特点在于：一是城乡纽带，出生在农村，熟悉农村社会的特点，同时多年在外地打工，积累了一定的经验、技能、资本，开阔了眼界；二是由于缺乏农业生产经验，不得不努力尝试探寻农业之外的就业或致富机会；三是或者一开始就具有带头人的意识，或者在发展过程中逐渐担当起带头人的责任。

访谈者：你最早开始做的时候，生意怎么样？

吕香雪：刚开始5月开的实体店，那一个月可能就接了三四笔订单，都是小单，网上还没开，我想这样下去肯定不行，一定要走网络。因为我卖过百丽的鞋我知道，网上的买家来自全国各地，它的流量肯定比实体店要大很多。……最早卖百丽的鞋是因为那时候在家带孩子，比较有空闲，我一个妹妹在百丽工厂里面，她说可以拿到货，她就在网上卖，我说那我也卖，就这样边做房屋包租，边做百丽鞋的网上销售，其实那个时候只是一个学习的过程，那时候淘宝也没有像现在这样大的规模，我是边做边学。

随着交通网络日趋完善，人口在城乡、区域之间流动更加便捷、更加频繁，部分来自农村地区但是在城市接触或习得新技术、新经验的群体，常常将新技术带回家乡，一旦发现"外来的"互联网技术可以带来可观的收益，其他行动者就会产生模仿的激励，这一现象在各地"淘宝村"发展中较为普遍。与长期生活在农村的乡邻相比，返乡创业的青年人还面对着声誉的压力，一些原先进城的创业者顶着"城里人""大学生"的光环回到农村创业，这些压力促使他们保持在产业发展的前端，不断更新技术。

刘成林：实际上未来也是很有压力的，为啥有压力？第一个从农村考上大学的，真正是考取的，不是以前的工农兵推荐。村里上大学的人里面，真正考取的我是第一个。那么多年我是第一个，你说你大学生返回来，回到家里来，不到城里面找工作，你跑农村老家来，搞这个小玩意儿？那个时候我的压力是来自什么呢，只能干好，只能干成，不能失败。我要是失败了，读了那么多年的墨水，还不如一个初中生呢，是这个问题吧。而且，我要走稳，不可以冒进，我自己一毛钱都没有的，我就是滚雪球，一点一点地积累，积累到什么程度做到什么样的程度，这样我才能保证不会出现资金链断裂，不会出现大起大落。

第四节　作为公共品的培训

除了商户自发形成的学习效应以外，政府也提供了作为公共品的培训，当然，先行者多数不需要这一公共品，通常情况是，政府通过为跟随者提供基础培训来扩大技术传播范围和学习效应，推动电商产业的发展。

即使是电子商务发展较快的睢宁，2006 年部分网商开始自主创业，但直到 2011 年政府才出台了第一份《加快电子商务发展意见》。在此之前，沙集镇已于 2010 年 9 月 10 日在杭州第七届全球网商大会上，荣获"最佳网商沃土奖"。2011 年初，由沙集本地企业家摸索的农村电子商务模式"沙集模式"，得到中国社会科学院信息化研究中心和阿里巴巴的一致肯定和广泛宣传。可见，初始的学习效应不一定依赖公共培训，尤其在技术学习门槛较低的情况下，更是如此。

但是即便如此，公共品之间的质量是可以比较的。我们首先围绕睢宁县电子商务培训方案进行讨论。以下是睢宁县在 2014 年开展的面向广大群众的电子商务培训方案。

睢宁县 2014 年电子商务万人培训方案[①]

为进一步做好新生网商培训工作，吸引广大群众了解、加入电子商务产业，加快提升现有网商生产经营水平，应对电子商务产业的快速变化，普及电子商务产业知识，在全县范围内营造支持电子商务产业快速发展的良好氛围，特制订睢宁县 2014 年电子商务万人培训方案。

---

① 培训方案由睢宁县电商办提供。

一、培训目的

在现有电子商务培训基础上，不断扩大培训范围、不断优化培训内容、不断尝试培训模式，建立全面的、持续的电子商务培训体系。

二、培训范围

1. 各镇、各园区有意学习电子商务的农村群众；

2. 各商贸流通类专业市场服务业从业人员；

3. 各工业、农产品加工业企业经营管理人员；

4. 各电子商务及相关企业管理及从业人员；

5. 各相关经济部门工作人员；

6. 有志于在睢宁从事电子商务的其他人员。

三、培训内容

1. 课目一：对个体性质的电子商务新从业人员，重点培训了解电子商务发展现状，熟悉淘宝等 C2C 主流平台开店流程，熟练掌握物流、采购、支付等关键环节的应用技术。

2. 课目二：对新从事电子商务业务的企业，重点培训了解电子商务发展现状，熟悉阿里巴巴 B2B 平台开店流程，熟练掌握物流、采购、支付等关键环节的应用技术。

3. 课目三：对现有电子商务相关企业及网商，重点培训店铺经营专业技巧、平台政策变化及应对、熟悉新型电子商务模式及应用。

4. 课目四：对县各相关经济部门工作人员，重点培训了解电子商务发展现状，熟悉各级电子商务发展政策，提高服务电子商务产业发展的能力。

简要总结上述培训方案，第一，涉及的主体大致可以分为电商从业主体、电商服务群体和党政机关与电商产业发展相关的工作人员；第二，培训的课程围绕阿里巴巴 C2C、B2B 平台展开，注重提高电商服务人员和党政机关对电子商务的理解和认识。在 2015 年的电子商务培训方案中，睢宁县还特别增加了对家具行业的培训。

睢宁县 2015 年电子商务培训方案①

1. 课目一：对个体性质的电子商务新从业人员，重点培训电子商务发展现状，熟悉淘宝等 C2C 主流平台开店流程，熟练掌握物流、采购、支付等关键环节的应用技术。

……

4. 课目四：对简约家具生产及设计人员，重点培训提升木工技能，提升家具设计能力，提高简约家居网销竞争力。

上述培训是县级政府牵头开展的，直接对接的是高校教师。在睢宁县，提供培训机会、组织培训活动的不仅有县级政府，乡镇政府组织的培训也较多。那些电子商务发展相对较慢的镇在沙集镇的影响下，也开始积极组织各类培训。此外，睢宁组织的培训活动不仅在当地进行，而且在本地打工者相对集中的外省市同步开展，吸引了更多的打工者返乡创业，不断扩大学习效应和产业集聚效应。

访谈者：你们统计过吗，这几年外出打工的变化情况。

嘉宾女：原先外出打工的多，但是我们组织人到陕西那边培训过很多次，培训回来以后，年轻人一看有甜头了，就都回来了。……有六次……从 2011 年开始……在陕西那边直接教的是六次，在我们镇里面组织的培训更多，有段时间都是一天一次，太多了。

访谈者：你们的培训请的是什么样的人，除了陕西之外的培训还有吗？

嘉宾女：镇长书记请的人，我也不知道从哪儿请的，是镇里面组织的，除了陕西之外的培训应该还有。

对于此前没有电子商务产业基础的一些村镇来说，培训对本地劳动力的回流产生了较强的吸引力。

---

① 根据睢宁县电商办提供的培训方案整理。

相较之下，虽然赤壁市也出台了电子商务相关的培训方案，但是培训内容主要限于电商范畴，没有涉及实体产业的培训内容以及电商与产业的结合，"互联网＋"学习效应未能通过培训活动得到充分发挥。

赤壁市电子商务培训工作总体方案[①]

一、总体目标

争取用5年时间，全市普及电子商务知识10万人次，培训电子商务专业人员5万人次，培养电子商务高级人才3万人次……推动我市电子商务服务产业的集群建设与发展，为我市电子商务快速发展提供专业人才支撑。

……

三、培训内容

电子商务概述、电子商务运作、网络营销、物流配送管理、淘宝及微信开店的实际操作等内容。

四、具体措施

(一)搭建平台

1.设立电子商务实训基地(人才孵化中心)。

2.搭建电子商务培训网络学习平台。

(二)组织培训

1.开展电子商务专才培训。

2.电子商务沙龙。

3.电子商务论坛(峰会)。

4.电子商务大赛。

从培训效果来看，成效尚不明显。资料显示，2016年的累计培训人数不足3000人次，主要承担培训任务的新购网的培训人数不足800人次。

---

① 培训方案由赤壁市商务局提供。

而同年睢宁县一级举办的培训活动的参与人数已经超过万人。在对赤壁的实地调研中也发现，本地的培训活动没有得到商户的广泛认可。

访谈者：既然你们三位都做过电商，本地的电商培训你们参与过吗？

杨俊：没有。

赵航：我培训过，参加过一期。

访谈者：你们俩呢？

杨俊：我都没听说过。

叶青：我听说过，但没用，因为他那种培训已经是我不需要的了。

访谈者：你听说过，但是没去，对吗？

叶青：没去过，因为他们培训的内容太基础、太简单，没什么用。

对赤壁而言，由于本地特色产业的多样化、分散化发展，尚未围绕某一产品或产业形成规模发展态势，使得关于实体产业以及"互联网 +产业"的培训内容无法聚焦，难以针对某些特定方向开展针对性和专业化培训，阻碍了培训公共品的有效供给和学习效应的扩展。

第五节　对学习效应的进一步讨论

一、技术选择与人际网络

（一）对技术成熟程度的进一步讨论

从以上案例可以看出，技术的成熟程度对本地产业，特别是新兴产业发展的意义。成熟的技术可以使得厂商在付出较低的学习成本后，就能够完成产品相关的一系列生产活动。

但是，必须注意，这一对技术的成熟程度的讨论具有权宜性，一套技术本身蕴含着一类行动逻辑，同时也要求选择技术的厂商具有相应的特质。对于睢宁来说，如果仅仅基于本地市场来讨论家具的生产技术，睢宁既没有家具生产的传统产业基础，也没有经营各类门面店的经商经验，更缺乏家具产品的设计人才。从传统产业发展的角度来看，睢宁的家具生产技术并不成熟。如果将这一技术放在互联网情景下来讨论，互联网技术和本地家具生产技术的组合形成了一套全新的技术逻辑。通过电子商务的模式解决了开店的问题，通过与大城市便捷的交通和网络上丰富的资源解决了产品设计问题，本地仅仅用于日常生活的简易家具技术在互联网的连通下变得有意义、有价值。我们所强调的成熟技术，是互联网技术加本地产业的技术，而不是两者之一。因此，在进一步讨论技术相关问题时，必须注意到基于互联网的技术组合问题。

（二）同质性信息和异质性信息

已有的研究注意到了人际网络中异质性信息的作用，伯特在讨论企业员工的晋升问题时，从个体网的视角，考察了对于行动者来说网络结构的一种冗余形式，即和那些只能给你提供重复信息的人之间的关系是冗余关系，是可以进一步优化的（罗纳德·伯特，2008）。一些学者也讨论了容易产生创意产品的组织内部的网络结构，如 Brain Uzzi 和 Jarrett Spiro 在讨论组织内的知识生产网络时提出强关系不利于创新，弱关系不利于团队整合，最优的知识生产网络是找到强—弱关系的平衡点，既要让新成员多样化，网络内又需要具有凝聚力的核心团队（Brain Uzzi 和 Jarrett Spiro，2005）。一些讨论创新的来源的学者也注意到了创新主体的异质性，它们往往来自多个领域，通过一个复杂的互动过程来完成创新（Hippel，1998；刘坤，2015）。

对于一个同质性的社区来说，只有当社区内的一定数量的成员接受了新技术，成员才能够在使用这样的技术中获得收益，但是又由于社区内的同质性，每个人的效用函数类似，没有一个人会成为先行者接受新技术。因而，使用新技术的人群往往在异质性较强的社区中，或是本身携带着异质性信息。对于那些由同质性较强的节点构成的连通分量来说，虽然网络同质性在传播某一观念的时候相当便利，即一旦发动了其中一个节点，其他的节点接受新观念的概率很高，但是节点知识的同质性使得网络连通难以产生新的价值。对于由异质性较强的节点构成的连通分量来说，一旦给定的连通环境发生了变化，就更有可能产生新的创意产品，从而获得更高的产品附加值。在睢宁和赤壁两个县市中，电商产业的先行者都是返乡创业的年轻人，他们不仅是异质性信息的传播者，而且成为电商产业的引领者。两地的差异在于，睢宁的电商产业发端于村镇，其紧密的人际关系放大了异质性信息的扩散和学习效应。赤壁电商产业的创业者多数分布在县域，人际关系相对松散，不利于信息的快速传播和学习效应的积累。

二、互联网环境下的学习效应

与传统的产业学习主要关注产业技术不同，互联网环境中的一个重要学习方向是指向平台的，平台作为规则的制定者成为引领互联网环境下产业发展的重要角色。在电子商务环境下，无论是厂商自发的学习行为还是由政府创办的培训班，最终都需要通过平台的匹配实现产业的红利。

虽然平台的规则演化，并不是遵循着特定单一逻辑的、单边决策的过程，而是根据平台中涉及的不同主体共生演化的结果（唐远雄，2014）。但是平台本身在规则的制定、解释、修改和删除上都具有绝对的权力，其权力的约束仅来自其他平台的竞争和外部舆论压力。在网络外部性条件下，特定类型的平台容易形成垄断，从而造成平台作为一个市场主体的权力远高于通过平台参与市场的其他主体，因此，当企业已经涵盖了相当的市场规模时，企业（平台）的规则从原先单个企业内的规则转变为市场运作的基本逻辑。

与传统的学习效应相对照，如果一个地区仅仅满足了传统的学习效应,但是没有注意到互联网环境下对平台规则的学习,则有可能出现本地产业虽然有足够的生产力,且市场中有潜在需求,但是无法快速且有效匹配的情况。这一互联网条件下的学习效应的新特征,催生了一类原先仅仅分布在少数行业,但是现今十分常见的分工——供货商和销售商的空间分离。虽然这一情况在睢宁和赤壁还不明显,但是在原有产业发展较好且产品易于互联网化的地区较为普遍,这是基于互联网环境的一类产业重构。

在学习效应的论述中,我们重点关注了围绕产业技术的学习效果。但是仅仅习得有关技能还无法确保产业能够在本地得到良好的发展,是否具备相应的产业协同环境是需要进一步讨论的问题。

第七章　协作效应中的人际网络与互联网

第一节　协作效应中需要厘清的问题

一、对协作效应理论基础的探讨

协作效应（coordination effects），即随着一种技术的不断推广，其他的各种经济活动也逐渐采取与之相配合的方式，从而产生合作效益。这些相配合的企业同样也可能出现被"锁定"的情况，使得协作效应的效果更加持久。

在对阿瑟的协作效应讨论中，悬置了对协作动机的讨论，将协作的发展看作是一个自然而然的过程。在对协作效应的进一步讨论中，我们也需要像对学习效应的处理那样，将协作效应置于竞争性的市场中进行讨论。在市场中，能提供协作的组织实际上是在多个可协作的企业中进行选择，由此引申出的问题是，其他组织为什么要与企业进行协作，更进一步的问题是，协作的收益是什么。

从这个角度讨论一个产业的协作效应，首先需要厘清的是，这一产业产生了多少外溢的红利，这些外溢红利是通过什么方式进行分配的。能够产生更多的外溢红利，且有较为成熟的分配体系的产业，更容易产生协作效应。而在特定的人际关系网络中，人们会降低对协作收益的要求，从而使得一部分初期难以产生外溢红利的产业也能够发展起来，因而对基于私人关系的协作也是需要进一步讨论的问题。最后，科层制下政府的政绩收益取向对本地政策环境的协同作用也产生了影响，虽然政府并非企业红利外溢的直接受益者，但是科层制的"激励—考核"机制使得政府成为本地产业发展的政绩受益方，由此驱动的地方政府行为也同样值得关注。

二、互联网环境下的协作效应

阿瑟所讨论的协作效应基本上顺延了产业集聚理论的基本假设，正是协作带来的收益使得产业链上的各个企业能够聚集在同一地区发展。而在互联网环境下，线下的集聚在一些情况下并不必要，特别是对于那些仅仅是为了信息传递便利的集聚行为来说。同样，对协作效应的进一步讨论也可以区分为本地实体产业的协作效应、互联网的协作效应和"互联网＋"的协作效应。

本地实体产业的协作效应将焦点放在必须在线下的生产端，生产端的协作行为影响了本地实体产业的发展速度。

互联网的协作效应则是讨论已经较为成熟的平台服务商。对于传统产业发展来说，协作主要发生在本地。但是随着互联网整合多方资源的能力不断发展，由互联网平台内的各方服务商形成的协作效应也逐渐产生。

"互联网＋"的协作效应体现在上述两者如何结合上，即如何通过发挥协作效应，提高本地实体产业发展水平，同时又通过互联网的协作来降低本地生产成本的问题。

本章分为五节，第二节首先进入对红利直接受益方的讨论，本节着重讨论了两类红利外溢情况，即外溢在本地的红利和通过互联网方式外溢的红利。第三节转入对朋辈群体和亲缘关系的讨论，这些根植于本地社会文化环境中的关系网络为产业初期发展提供了协同基础。第四节着重讨论了政府在产业发展中的政策激励的变化，由此探讨政府在协作效应中发挥的作用。最后一节是本章的总结。

第二节　围绕红利而产生的协作效应

互联网红利的产生是产业协作效应得以产生的前提和基础，与传统产业不同的是，电商红利不仅外溢到本地市场，而且可以通过互联网实现与其他服务商的协同。

一、在地的红利外溢

与传统的产业发展相同，电商产业的发展也以本地的红利外溢为前提，这类红利外溢能够激发本地各个企业的协同，为本地电商的发展提供基础。从淘宝村的发展历程来看，多数县市都遵循"学习效应—同质化—协作效应—网商生态"的发展逻辑。而协作效应的作用直接影响了规模积累的快慢，进而影响了自我强化机制发挥的效果。

红利外溢所带来的第一类协同即为产业链的协同。睢宁县沙集镇的家具产业发展过程中，逐渐产生了对家具配件、板材产业等配套产品的需求，家具产业快速发展及其产生的高额利润使得部分创业者发现了协作的机会和潜在收益，选择从事家具配件的生产。

孙寒：另外就是沙集这边的产业链相对比较成熟。

访谈者：具体来讲，比如产业链的哪些方面。

孙寒：刚开始没有这个产业链的时候，发快递需要我骑着摩托车送到宿迁市，比如少一个螺丝，可能这个螺丝比较奇特一点，我可能要跑几个城市去找。现在打一个电话快递公司就上门来拉货，打个电话给卖配件的，就直接把配件给你送过来。配件也在北村，北村现在五金配件店就有一二十家，不止，有二三十家。板材方面，以前我自己去调板材，还被骗过，因为那个时候对板材不太懂。我要的是好的板材，去了以后卖家把那个比较垃圾的板材给我，甚至给我的是甲醛超标的。把板材里面一些垃圾的东西卖给我。然后我再退回去，打五折退的，损失了不少钱。现在就是你打电话要多少，直接就用叉车给你送过来，非常方便，而且能够保证质量。

不仅协同过程中相关产业发展迅速，更为重要的是，产业链上下游之间形成了信任机制。对于本地家具产业来说，原先购买板材可能会碰到信任危机，比如上述案例中孙寒遇到的板材残次品，而随着产业规模的发展壮大，原先的单次交易逐渐转变为多次交易，由此产生了关系型缔约的可能（奥利弗·E. 威廉姆森，2001），才能发展到"打电话要多少，直接就用叉车给你送过来"这样一种较低交易成本的模式。

一旦产业协同的良性循环产生后，地区产业的自我强化机制和先发优势也就能够得到强化，由此所形成的产业链的独占性及完善的配套环境为本地产业的进一步发展提供了有利条件。在睢宁的访谈中，商户明确表示，若论本省家具行业的协同能力，睢宁显然优于其他地区。

访谈者：江苏其他地方的家具产业能跟咱们这里比吗？比如说这个便利性。江苏还有没有其他的这类（家具产业）？

孙寒：其他的没有吧，苏州应该还是不错的，但是你要是有针对性的，比如说我们这边专门需要用什么板材，专门需要哪些配件，专门需要哪些产品的摄影，贴合度、配合度还是我们这边更有优势，因为我们在一起磨合了好长时间。

在给定连通性的条件下，睢宁交通所能辐射到的多数城市均会被在家具产业上具有先发优势的睢宁锁定，因为睢宁协作网络的效应，使得睢宁相对于其他城市来说，具有更低的生产成本，且睢宁的消费群体主要在网上，无论在何处生产，面对的消费群体都是同一群体。与传统生产模式相比，生产端的协作效应的重要性得到了空前的提高。上述因素的共同作用，使得对于睢宁周边区域想要从事家具产业的商户来说，到睢宁生产家具成为一个较优的选择，这一选择进一步加速了本地家具产业的集聚。

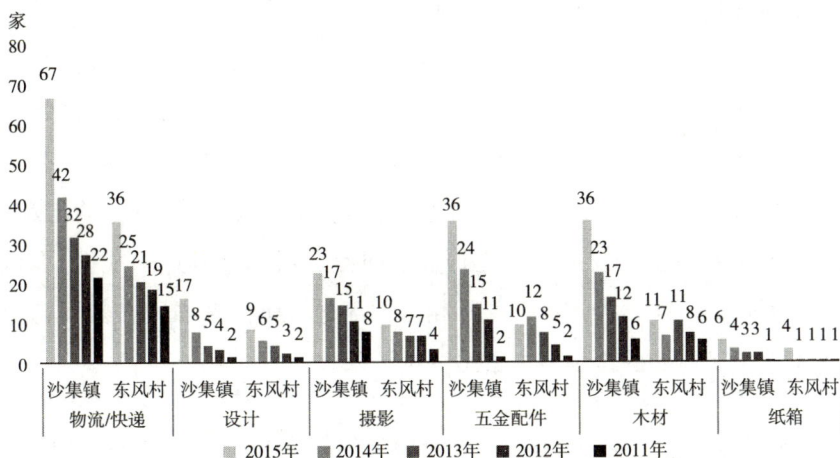

图7-1　2011—2015年睢宁县沙集镇电商相关产业发展情况

(资料来源：根据睢宁电商办提供的数据整理)

　　另一个需要进一步讨论的问题是，协作网络内部存在的市场结构。在睢宁县沙集镇，随着孙寒创业成功的事例广为传播，相当一部分人也试图复制孙寒的模式，通过网销加本地家具工厂来赚取收入，但是淘宝瞬息万变的规则使得相当一部分人难以跟上，从原来既当生产商又当销售商转变为仅仅承担生产商这一角色。对睢宁网商的访谈显示，相当一部分本地人最终放弃淘宝店铺的生意。

　　访谈者：您没有淘宝店吗？

　　张春雷：我没有，现在的淘宝店你也知道，赚钱的毕竟是少数。

　　访谈者：您都没有想过要开一个淘宝店？

　　张春雷：我是本地人我什么不知道，我2008年就弄了一个淘宝店，前两年才关。我跟你说本地的淘宝店赚钱的只是一部分人，绝大部分人不赚钱。（为什么赚不到钱？）……一是要推广，二是要投入广告，三是如果你自己没有实体的话，拿别人的东西利润很小。你出去推广呢，还要有融资，算起来不划算。

　　访谈者：您有用过淘宝大学，或者用过万堂书院这类的东西吗？

张春雷：没有，我都有两三年不碰这个东西了。

从对张春雷的访谈可以看出，他并非熟稔淘宝学习工具的商户。从2008 年开始，张春雷试图仿效孙寒的商业模式，结果并没有获得持续性的成功，在 2013 年选择了关闭自己的淘宝店。但是即使在网店经营失败后，张春雷也仍旧是生产端的板材家具提供者。最初家具行业的红利外溢吸引了相当一部分人进入家具行业，即使之后的红利逐渐式微，但是由于规模效应下初始投入的存在，相当一部分人仍旧选择留在家具行业，这为本地家具行业的市场结构重组提供了基础。

二、基于互联网的协作

与传统实体经济不同的是，有些红利不仅外溢到本地市场，还推动与互联网上其他服务商之间的协同。这一协同效应不同于传统的产业集群，受到本地协同服务水平的限制，而是基于平台的连通作用，在认可同一规则体系下的协同。

在实现互联网协同之前，本地区首先要满足的一个条件是接入互联网水平的提高，即电子商务模式的普及。只有在满足上述条件后，人们才会逐渐产生对网上协同作用的认同，并且产生网上协同的需求。而在睢宁沙集镇，随着家具网销行业的快速发展，一部分人开始从事围绕该行业的各类服务，前文所论述的零件制造商是最为常见的一类，而有的人则开始从事"帮助村民网上开店"的互联网服务，张程正是沙集镇东风村开启这一业务的第一人。

张程：因为大家都不懂淘宝商城，刚刚下来，大家都不懂，所以我就为阿里巴巴宣传淘宝商城，帮人家入驻，帮人家办公司，来赚一些服务费，是这样子的……它那个流程你必须要懂，然后在电脑上面有入驻的窗口，怎么去申请，怎么去写材料，怎么去上传，上传之后怎么优化图片，跟淘宝店是不一样的。那些流程都是不一样的，需要三番五次去学。

　　张程所谈及的"淘宝商城"即现在广为人知的"天猫商城"的原型。相比起淘宝店来说，天猫商城对入驻的商家要求更加严格，需要更加复杂的互联网技术运用。与之相应地，天猫有着更好的信誉体系，且有更大的流量入口。张程成为入驻天猫的服务商是在 2010 年左右，此时睢宁沙集镇东风村的商户大多还仅仅在淘宝网上售卖自己的产品。张程的出现为有生产基础但是对平台规则并不熟悉的人们提供了接入机会。睢宁县网商数量在 2010 年迅速发展也是一个重要佐证。

　　在农村基础设施和互联网接入条件普遍改善的情况下，围绕互联网平台的各种技术服务十分关键。比如，在农村做电商，首先面临的问题就是淘宝店铺的装修、包装设计、专业摄影、软文写作、淘宝客服、后台管理、市场推广等环节，对于初创者而言，亟须成熟的服务商提供服务，在上述服务中，除了摄影需要连接到实物以外（当然，如果是初期的淘宝店主往往选择直接盗图而非现场拍摄，这样拍摄环节也能通过互联网完成"协同"），其他环节都可以通过互联网外包的方式来解决。

　　张国庆：客服联系着就行了，因为我的运营都是包到外地的。

　　访谈者：包到哪里去？

　　张国庆：上海、北京。我京东店的运营是在北京，淘宝店的运营是在上海。因为淘宝现在做生意呢，需要专业的人做专业的事，我就考虑把运营这块委托给专业的人去做。我们只是在这儿做售后，售前就是给人发货，生产，这是我们要做的事情……运营这个东西，我们没有精力去做。因为我既做淘宝，也做京东，这是两块，两个不同的平台，根本没有这么多精力去管，而且我们本地也缺少这方面的人。比如说你要招专业人才，招不过来，人家还不愿意到你这个地方来，你要招的话也没有电子商务方面的专业人才。

　　即使是家具产业已经较为发达的睢宁沙集镇，想要招聘新兴的互联网产业的人才仍旧较为不易。像张国庆这样，将运营、店铺装修和设计外包到北京和上海的不在少数。

与此不同的是，在赤壁的调研中，并没有发现通过互联网产生协同效应的普遍性，而是偏向于在本地解决技术问题甚至自己承担所有流程的工作。

访谈者：美工包给谁了？

宋劲：美工包给这边的个人，他做了很多年了。

访谈者：是外包给赤壁本地的吗？那说明这里还是有这样的专业人才。

宋劲：有是有，但是很少。是那种兼职，就是没有信服力。这样说吧，在珠海那边我只要说一个大概情况，美工就知道要做成什么样子。这边不行，你得一个一个跟他说。

在本地寻找美工存在的问题是，当本地产业基础较差时，其协同效应也较差，从而进一步影响产业的发展。一些网商试图通过自己学习技术的办法来弥补本地协作效应的不足，由此产生了新的问题。

吕香雪：对，我之前请了客服，但是从去年9月开始就没有请客服了，我一个人根本忙不过来，说到身兼多职，我又是客服，又是美工，店铺的装修、图片的设计、网页的制作都是我一个人承担，而且我还是运营，真是身兼多职。我肯定是忙不过来，什么事都做不好，我要学会分担，我就把这个事情分给他们（不专业的服务商）来做，结果每个月亏了两万多元。

赤壁本地协作网络的不成熟以及对外部协作网络的不熟悉，使得当地网商不得不"集多重身份于一体"，将精力耗费在并不具有比较优势的事情上。同时，即使是平台协作也有一个学习的过程，吕香雪虽然开始寻求外部协作机会，但是选择的服务商能力有欠缺，就像孙寒在首次购买板材时碰到劣质板材的情形一样，如何搜寻技术好的互联网服务商也需要经历一个摸索和互动的过程。

第三节　人际网络促发的协作效应

与基于红利的协作有所不同的是，人际网络促发的协作的基础根植在社会关系网络之中，可以进一步细分为基于亲缘的协作和基于朋辈群体的协作。

一、亲缘协作

相较于基于朋辈群体的协作来说，亲缘协作一开始就是建立在强关系之上的，家族式经营是华人经商模式中的一种常见类型（S. 戈登·雷丁，2009）。在产业发展的过程中，亲缘协作往往表现为雇用亲戚为企业雇员、亲戚出资解决初期经济或空间问题，以及其他围绕信任展开的问题。

中国农村的亲缘协作是一个较为常见的现象，在睢宁的调研中，我们时常会在商户谈及企业成长时发现亲缘关系在其中的作用。

陈洪远：在我加入天猫商城之前，都是在我岳父那里干的，我岳父的门市被我搞得乱七八糟。人家海尔公司、新飞公司、格力公司来看门面的时候，都对我有意见。为了做这点家具，把岳父的门市搞得很乱。但岳父和岳母一句话都没说，他们很支持我。

访谈者：您创业过程中的主要资金从哪里来？

孙寒：管亲戚借，丈母娘借。

访谈者：当时借了多少钱？

孙寒：几万元吧，然后从信用社也贷了一些。

叶青：竹简是我自己生产的，竹家具是我亲戚生产的，差不多也就是自产自销的。

访谈者：蜂蜜不是自己生产的？

赵航：是我们家亲戚生产的。

陈洪远的岳父为他提供了最早发展的场地，孙寒的丈母娘为他提供了启动资金。在赤壁的访谈中，我们也看到了亲缘关系在生产过程中的协同作用。

另一类型协作体现在资源的传递上。

访谈者：您当时为什么决定要做花架子呢？

李志高：当时考虑我们那边做板式家具已经形成规模了，花架子这块在网上的需求量还是比较大的，就决定做花架子。货源比较充足，然后容易包装，物流体系也形成了。

访谈者：您说货源充足，当时主要是从哪里进货呢？

李志高：就是东风村，东风村有一个专门做实木家具的，他家专门生产花架，他自己不做销售，就是给外边的人供货。

访谈者：您怎么认识他们的呢？

李志高：我父亲跟他们都认识。……我父亲以前在村里面干过计生专干，他认识的人多一点。

对于长期在南京当公务员的李志高来说，有关东风村的多数信息都是来自这位曾经在村里面做过计生工作的父亲，而且早期的淘宝店铺试水也主要由他父亲来实现。这种通过亲缘关系传递商业信息，并逐渐形成经营协作的情况在东风村十分常见。

二、朋辈群体协作

这类协作以地缘为纽带，主要是基于朋友、同学身份而产生的协作。这类协作主要是作为传递信息和学习技能的渠道。在对学习效应的讨论中，已经论述了朋辈群体的关系网络在学习过程中的作用。在本部分的讨论中，重点关注协作内容和边界问题。

虽然对于通过电子商务来进行销售的商户来说，通过电商平台连通的是一个理论上趋于无限大的市场（邱泽奇等，2016），但是从现实的商业运作来看，各个商户之间仍旧存在一定程度的竞争，"马太效应"也趋于一家独大，只是竞争并不是在本地市场中进行，而是在电子商务平台上。因此，即使是面积并不大的沙集镇，在电子商务的竞争中也分成不同的派别。

电子商务运营过程中，各个商户都有相当一部分的销量来自其爆款产品，由于本地产业较为成熟且淘宝早期对于侵权行为的管理并不是十分严格，因此形成了朋辈群体共识性地避开其他商户爆款产品的默会知识。

访谈者：那您的产品和那个有什么不一样吗？

张国庆：产品不一样，因为我们是非常要好的朋友，比如说他家做了一种爆款，我肯定要打造别的爆款。一个很简单的例子，我一个发小，他卖的这款产品，是人气产品，我就换一个不一样的，免得互相竞争。……我朋友的店铺我肯定知道，每个店铺都有自己的人气产品，他的人气产品成功之后，我肯定不可能去开发和他完全一样的产品。

关于人气产品的推广，我们之间是可以交流的，比如说我去了哪个公司，是什么人给我推广的，我用了什么方法，不管用什么方法，是付费的还是不付费的，还是产品里面的渠道，淘宝的规则什么的。比如说你这个东西有没有送货上门，上楼啊，这些细节，比如你有这个字样，淘宝免费给你部分流量，关于这些细节是可以相互交流的。

张国庆和孙寒是发小，上面的访谈可以代表以孙寒为主的商户之间的默会知识。在和张国庆的讨论中，我们发现除了相互避开爆款产品的直接竞争以外，对于一些知识是可以在朋友圈中分享的，比如如何推广淘宝、如何寻找第三方服务等。而另一些信息，比如爆款产品的设计则相对保密。在和本地其他淘宝商户交流时，我们发现有更多的内容处在协作边界之外。于是进一步访谈了和张程、康荣更为熟识的商户李志高。

李志高：庆祝他突破100万的销售量，然后一人给发了88.88元的红包。第二天就在饭店吃饭。

访谈者：要是我的话，肯定马上请教他为什么突然流量涨这么高。

李志高：这个事情不应该有，不能问。

访谈者：朋友之间也不提这样的事情？

李志高：不怎么提，他要是愿意说就说，不愿意说就不能提，毕竟涉及的是核心技术，他的核心就是流量。……聚完餐K歌去了，每个月在一起相互说说情况，沟通一下信息。我这边也做物流，物流有我的股份，我也给拉生意。我说你要发这个快递，我给你最低价，这个快递里面有我的一点股份，同学之间我给他一个最低的价格。……装修店铺的情况有时候会讲，讲得少，因为这都是干了一年两年的，有的专门请网上专业的人给装修店铺，买的是模板，有的人喜欢自己倒腾。

访谈者：你们就怎么提高转化率这种东西会交流吗？

李志高：基本上不交流。

访谈者：跟流量有关的基本上都不说，营业额和利润会说吗？

李志高：这也提得少，这是大的东西。

访谈者：所以像您引流的方法，基本上都得从网上自己学。

李志高：偶尔会提一点，但是得单独问。……这个东西得一对一地问，如果不一对一地问是不会告诉你的。

在和李志高的交流中可以发现，首先，核心流量问题不是商户群体可以共享的知识，如何引流和如何转化是无法公开询问的。其次，物流行业信息是可以交流的。最后，涉及核心的商业问题可能在一对一的请教中得到解答。

我们尝试总结根植于沙集镇东风村的社会关系所带来的协作效应及其边界。第一，已存在的推广渠道、第三方服务、物流行业信息等在东风村的商户中是可以交流的；第二，如何使用上述信息，以及围绕上述信息所涉及的能力问题多数是不可交流的，比如如何转化、如何引流、如何打造爆款产品等。也就是说，信息的接入问题是可以通过协作来解决的，但是信息的应用问题则需要依靠自身的能力来解决。

这里讨论的信息问题在传统的实体行业中也或多或少地存在着，比如俗话说"师傅领进门，修行靠个人"。除了围绕信息问题所展开的协作以外，在淘宝村中我们还能观察到相当一部分具有互联网特色的协作行为。在和刘成林的访谈中，他给我们介绍了诸多类似的情况。

刘成林：如果说我们都是很好的朋友，俩人卖同样的东西，早晚是要出问题的，但是我们可以一致对外……于是我就不搞跟他一模一样的产品，你搞你的，我搞我的。你的鞋柜产品出来了，那么鞋柜肯定会有结构的不合理，我就把它变得更合理一些。然后颜色上作出差异，他当时只有一种颜色，叫枫木色，我就搞了好几种颜色，包括桃木这种。改进了以后变得更薄一点，他的鞋柜是比较厚的，我的更薄一点，写的也是另一个文案，我们当时算他的成本是 120 元左右，我们这个 100 元，于是 200 元上市。一上市后没差半年就卖没了，现在我们很多产品都是这样搞的，包括衣柜，所以我说……我们这个群体是很厉害的，很容易，为什么呢，回到我刚才那个话，叫货卖一堆山，我们这个蚂蚁群的创造力是很大的……比如说我们看到你这款床了，他生产的都是这种床，目前我们工艺是没有的，技术是达不到的。他们已经生产了很多年，那么如果说我们这个地方把这个东西买到手里以后，上这个设备，我们生产的欧式床，绝对要比他的便宜很多。

刘成林在访谈中提及的"货卖一堆山"的概念虽然在传统企业的经营模式中也时有发生，但是在互联网充分连通的环境下，任何地区的产业协同（比如案例中刘成林和同伴用更低的成本对家具进行改进）优势都能通过互联网跨越区域阻隔进行全网竞争，这一连通性使得任何一个地区的"堆山"之货都可能在平台上成功营销。而在传统的产业竞争中，是否能够进入竞争对手所在的市场一开始就面临障碍。在这个意义上，互联网环境下的本土关系协同可以在产品改进和对外竞争中发挥重要作用。

不仅如此，与传统需要依附于实体门店和场地进行生产销售不同，淘宝网上的店铺数量理论上可以达到无限多个，基于此，刘成林还向我们介绍了如何通过互联网市场形成规模来营销一个产品。

刘成林：比如说我刚才讲的这个欧式床，你在淘宝网上搜欧式床，第一页比如有36个展位，可能有30个展位都是我们的，你说他购买的概率多大……很正常，不是调动，他自动找你。为啥找你，比如说我的店铺，每一天我们同行的，看我的店的肯定有很多人，你出来什么产品，看他这个产品，但是我们没法生产，他这个从哪儿来的呢，一打听怎么怎么着。你看我上你店铺的这个产品行吗，可以啊，一样价格就行。同样地，我们可以把那么多企业给搞到一起来，我们想扶持一个产品很快，想把某一个打死也很快，这个确实是这样的。我们就是蚂蚁群，还是回到那句话，货卖一堆山，我们一定要牢牢地控制，这一类家具一定是我们沙集人在生产，只有这样物流才会依附于我们这个地方。你东西越多，店铺越集中，物流越会在这个地方待着不走。……为什么要让同行变得越多、越好，就是这个意思。……很多人家里是没有厂的，我就专门开店，就是这样。

唯一需要与实体连接的是生产端，而互联网环境下的协作效应放大了销售端的作用。由于互联网平台连接的外部市场无限大，因此相对弱化了本地商户之间的直接竞争，提升了协作带来的潜在收益。商户群体运用平台规则，互相借力，提升本地产品在平台上的识别度，是互联网环境下协作效应不同于传统产业协作的一种体现。

第四节　政绩激励下的政策协作

如果我们进一步将红利的概念泛化，可以将政府所获得的政绩也看作是产业发展的外溢红利。与市场中的企业协作及亲缘、朋辈之间的协作不同，政府的介入主要基于自身的政绩目标函数，由产业发展带来的政绩收益成为政府积极参与其中的重要动力。

一、睢宁："自下而上"与政策协作

睢宁的电商发展以农民网商创业为缘起，最早并未引起政府的高度关注，直到 2009 年多家新闻媒体集中报道，特别是中央电视台《新闻联播》栏目对"东风村农民开网店创业"的现象进行报道之后，沙集镇东风村电商发展的情况才正式进入睢宁县政府的视野。

对于农民网商自发式的发展，睢宁县最初的支持方式一是给予其充分发展空间。县领导明确提出"后置式服务"的管理理念，即不干涉网商经营，为其提供最大的发展空间。只要网商不主动要求，各部门就不要过问网商的经营情况；如果网商向政府反映困难或问题，政府则要及时出面，尽量帮助网商解决问题。二是吸收网商参加相关政策的制定。政府在出台鼓励电子商务发展的有关政策之前，充分征求网商的意见，体现网商的发展诉求。三是协助解决网商发展中的资金、用地、交通、人才等困难。这一阶段，很多支持政策尚未体现在县级层面成文的正式政策中。

一个反映政府行动目标的文件是当地政府的五年规划，2010 年，睢宁县编制并发布"十二五"规划，此时距离孙寒开始在网上卖家具已经过去了四年，2008 年，本地的废旧塑料回收加工受国际金融危机影响开始走弱，本地网商数量达到 1000 人左右。在睢宁县的"十二五"规划中，关于产业发展的定位是"白色家电产业城""皮革皮具产业城""钢铁机电产业城""纺织服装产业城""医药化工产业城"和"食品加工产业城"，"电子商务（含电商）"等关键词仅出现了 2 次，"互联网"则只出现了 1 次，均未作为单独条目，仅仅是附带性的论述。相比之下，"塑料"这一关键词出现了 9 次，且单独作为一项发展条目论述。

随着国家对电子商务发展重视程度的提高和本地电子商务的快速发展，睢宁县支持电商发展的政策体系日趋完善、成熟、系统。2011 年至今，睢宁从电商人才培训推广、园区规划发展、产业监管等方面出台了一系列政策。2015 年底，睢宁县发布"十三五"规划，其中，"电子商务（含电商）”的词频达到 32 次，且在多个位置作为单独条目论述，“互联网”的词频达到 15 次，且单独作为一章来论述。相较而言，“塑料”的词频则下降到了 2 次且与“取缔”“整顿”“清理”连用。规划文本可以在某种程度上反映出政府对电子商务政策取向的变化和政策激励的强弱。上述政策一方面体现了政府对电商发展更明确的支持态度，另一方面反映出在电子商务发展的新阶段，政府的工作重心从一般意义上给予发展空间和政策扶持，转向规划引领、提质升级、品牌树立等方面。

虽然在睢宁“自下而上”的电商发展路径中，政府的因素或政府协作在最初阶段体现并不明显。但是，在电商发展的中后期，政府“放水养鱼、不干涉网商生产经营”的理念实际上给予了作为新生事物的“电子商务”“淘宝网商”很大的发展空间，而政府在战略规划、园区建设、资源整合、产业监管等方面的作用则是市场不可替代的，这对于睢宁电商从野蛮生长到“规模化、园区化、规范化发展”的过程中发挥了重要作用。

表 7 - 1　睢宁县关于电子商务发展的政策

年份	电子商务发展有关政策
2011	《加快电子商务发展意见》
2012	《电子商务万人培训方案》《电子商务工作考核细则》
2013	《电子商务推广实施方案》
2014	《电子商务创业园入园优惠政策》
2015	《睢宁县 2015 年电子商务重点工作安排》 《睢宁县电子商务综合服务平台优惠政策》 《关于对睢宁县电子商务产业监管的相关意见》 《关于支持睢宁县跨境电商发展的相关意见》
2016	《睢宁县关于大力发展电子商务引领经济跨越发展的实施意见》 《关于加快打造“沙集模式”升级版　全面推进沙集镇产城融合发展的意见》

二、赤壁：“自上而下”与政绩表达

与睢宁电子商务“自下而上”的发展路径不同，赤壁电子商务发展带有显著的"自上而下"色彩。其电子商务发展脉络与两个事件高度相关。一是"中国绿色生态产业展览交易基地"牌子的授予；二是电子商务进农村综合示范项目的申请和实施。这两个事件均对政府存在较强的政绩激励，使得政府的协作（在赤壁案例中，政府的作用实际上更多的是主导而非协作）主要沿着自身的目标函数展开。

赤壁市电子商务发展的缘起是 2013 年"中国绿色生态产业展览交易基地"[①] 的授予。为了将绿色基地牌子做实，作出成绩，2014 年，政府启动本地电子商务平台——新购网的建设，希望将新购网打造成为绿色基地的线上平台，结合线下的种植基地建设、交易展览展示，实现绿色生态产品的"买全国、卖全国"。电子商务进农村综合示范项目于 2015 年获批，建设方案由新购网提出，建设内容包括城乡三级物流配送体系、特色产品展示馆、电商创业孵化体系、邮政综合服务体系、农村电子商务业务培训、阿里巴巴农村淘宝电子商务体系及农产品质量追溯体系建设七大方面。其中，新购网参与实施的内容包括第二、第三、第五、第七项。由于新购网是当地发展电子商务依托的核心企业，我们可以从两个重要事件中地方政府与新购网的合作情况考察协作效应的实现情况。

在对新购网的访谈中，我们了解到，地方政府对新购网的发展，有着"名"与"实"两方面的期待。一方面，希望将新购网作为"政绩表达"，作为绿色基地的建设成绩；另一方面，希望通过新购网平台给本地发展带来实实在在的利好。

在实践中，新购网平台的建设在一定程度上满足了政府"政绩表达"的需要，得到各级领导的肯定，并且获得了省级电商示范平台称号。但是因为平台带动效应达不到政府的预期，政府逐渐降低了对其的期待和支持。政府最初的目标是以远比基地更快的速度建立电商平台，快速产

---

① "中国绿色生态产业展览交易基地"由中国商业联合协会授予，该协会是民政部注册登记的具有社团法人资格的全国性行业组织。据统计，该协会已经向全国 36 个地区颁发过各类基地称号，不同基地的称号具有唯一性。

生效果，但这一期望在实际的运行中遇到困难，由此带来政府后期政策协作动力的下降。与此同时，政府和新购网负责人对平台建设的定位和考虑是不完全一致的，二者目标函数的不一致也带来了协作的困境。

宋扬：如果让我自己再选择的话，我肯定不会做新购网。我宁愿做个店、做个品牌、做个小而美的东西。我不会做这个展厅、大的办公室，不会在这方面花这个钱，我会把我所有的资金全部用来打造网货、爆款、品牌、团队。这是我的思路。

访谈者：你不想再做平台的主要原因是？

宋扬：小地方不具备做平台的条件，就跟我不能去做村级服务站一样，形成不了规模也就没办法做那个。

访谈者：目前的情况你觉得继续向前很难？

宋扬：对，我们背负了很大的包袱，没有办法保证精力做最核心的东西。你做的东西，政府又不见得会认可。

访谈者：我似乎感觉到一种内在矛盾，一方面做这个事情是你个人的愿望，另一方面在你的业务内容上，又把政府支持作为一个重要的考量因素，否则有些业务你个人可能不会涉足。

宋扬：是的，我觉得我很辛苦的地方就是，一方面，很想做自己，找自己的初心，做好农产品电商；另一方面，我们又要考虑政府的预期、政府对我们的希望是什么样的，我们也努力达到政府的预期。所以就变成两手都想抓，但是两手都没有抓好。理想的状态是自己把模式探索好了，政府来做些锦上添花的事情。

从访谈中可以发现，新购网负责人在平台建设运营一段时间之后，已经发现"小地方不具备做平台的条件"，希望重新选择"开网店、小而美"的路径谋求发展。而在政府看来，新购网没有达到预期发展目标的主要原因在于新购网自身，新购网主张"小而美"的定位显然偏离了政府希望"将平台做大、作出成绩"的目标函数，带来了协作中的困境。

访谈者：电子商务进农村的各个项目建设进展良好，那么实际效果怎样呢？有没有遇到难题？

孙宏伟：第一个问题就是"一网四馆"的搭建畅通了渠道，但是产品搜集和品牌策划方面力度不够，没有达到预期。

访谈者：之前呢？做得怎么样？

孙宏伟：此前做得还可以，O2O水果啊，猕猴桃、大闸蟹、花果山脐橙啊都在做，但是我们到现在为止，还没有推出一款网上畅销产品，几乎没有爆款产品。

访谈者：您认为做得不好的主要原因是？

孙宏伟：主要原因是缺乏专业的人才，也没有找准可依托的产品对象。经常出现产品一发出去就马上断货的现象，有时候产品的品控也出现问题。开始做得很好，后来口碑搞坏了，这都是问题。

上述资料显示，在赤壁"自上而下"的发展路径中，政府缺乏培育当地电商发展的抓手，选择依托企业做大平台的方式引领本地电商发展。但在实施过程中，政府和作为代理人的企业之间产生了较为明显的委托代理问题和协作困境。对于政府来说，其目标是通过实体的线下场馆和虚拟的线上平台建设加快发展，并通过平台发展和带动效应强化政绩表达，企业的平台建设显然仅能满足短期的政绩信号需求，无法支撑长期的、实际的政绩表达诉求。对于企业而言，面对本地平台在互联网环境下无法做大这一事实，难以完成政府委托目标，同时又陷入路径依赖难以转向，由此产生了政策协作的困境。

第五节　对协作效应的进一步讨论

一、围绕平台的协作

与传统产业链之间的协作有所不同，互联网环境下的协作效应，更多的是围绕平台展开。如上一章所言，作为市场运作规则的制定者，平台规则的设立和变动为平台服务商提供了相当规模的盈利空间，平台新增的协作需求也是基于前两章所谈及的平台产品和规则展开的。

红利的产生是平台协作运转的基础，作为生产端和销售端的厂商，则必须在自己学习平台规则的学习成本和将匹配平台规则的相关事务外包给他人的协作成本之间进行权衡。这里就涉及上一章对学习效应和本章对协作效应之间的关系的讨论。在传统产业的发展中，本地技术的可及性即是厂商可选集合的全部，无论是学习效应还是协作效应都只能在本地发挥效用，因此本地的资源禀赋至关重要。而在互联网环境下，平台连通性大大扩展了学习和协作的范围，使得厂商能够在一定程度上跨越本地学习和协作的资源禀赋限制，充分发挥本地的生产能力，权衡更大连通范围下的学习成本和协作成本问题。

二、互联网环境下的政府角色

(一) 政绩激励与地方产业发展

比较睢宁和赤壁两个案例，我们会发现：第一，政府和作为市场主体的企业之间存在协作目标是否一致的问题，如果目标高度一致，则能形成和发挥协作效应，目标不一致则带来协作中的困境。在睢宁案例中，农民网商自主发展契合政府发展需要，且不需要政府进行过多投入，政府的政绩目标与网商经济利益高度一致，彼此的协作较为默契。而在赤壁案例中，政府和企业最初关于平台建设目标一致，但后期出现了分歧，政府的政绩目标与企业的商业目标出现了矛盾，导致了协作中的困境。第二，协作效应的发挥取决于政府和作为市场主体的企业能否发挥各自的优势。当政府和作为市场主体的企业在具备相对优势的领域采取行动，则能形成最佳的协作效应。例如，政府发挥在战略规划、公平竞争环境维护等方面的作用，企业自主进行商业模式的选择和决策等。当然，这涉及政府和市场边界的问题，这里不做过多的讨论。

（二）从打造到迎合

在有关地方政府打造市场的研究中，我们能看到地方政府不仅扮演着裁判员的角色——制定市场规则，而且扮演着运动员的角色——参与到市场主体中分利。正是这两个角色集于政府一身，才使得政府具备了打造市场的能力。

在连通性条件下平台的崛起，使得政府的打造能力在一定程度上受到了影响，政府不再作为市场规则的制定者，全国性的平台开始在某种程度上扮演这一角色。与此同时，失去"裁判员"角色和位势的政府不得不和其他市场主体共同面对平台建立的市场逻辑。从赤壁案例中可以看出，政府试图打造一个地方平台的愿望并不现实，本地厂商仍旧选择依托全国性的大平台发展。

政府行动能力的弱化主要来自产业发展模式的变化，传统产业发展情形下，政府营造一个在本地能够产生自我强化效果的产业即可，基于政府的各种资源，成为本地市场的产业打造者并不困难。但是随着商业模式的变迁，对于电商产业发展而言，仅仅有本地的效应还远远不够。不能充分利用互联网的效应，就无法均摊单位成本，扩大潜在市场。互联网效应的打造主体不可能是政府，而是掌握着大量数据和流量、制定基本规则的平台，本地的产业也需要嵌入互联网平台才能生存，由此带来了平台对政府影响力的削弱。对于地方政府来说，单方面地打造本地电商产业已经不太现实，如何迎合平台的需求形成"互联网＋"效应，成为必须面对的重要问题。

第八章　适应性预期的形成

第一节　适应性预期中需要厘清的问题

一、对适应性预期理论基础的探讨

适应性预期（self-reinforcing expectations），即消费者的预期会随着市场的变化而发生变化。一种技术在市场上的地位不断上升，会加强人们相信它的地位会进一步巩固的信念，从而使其地位得到进一步强化。

在阿瑟对四个效应的讨论中，企业的决策行为并未纳入分析框架中，对于整个产业发展，特别是具有集群特征的产业发展来说，仅仅有作为"先行者"的企业是不够的，还需要有其他企业愿意跟从，才会产生集群行为。因此，企业的适应性预期必须纳入以产业为分析单位的框架中来讨论；企业的适应性预期的逻辑和阿瑟的论述类似，不同之处在于，消费者可以通过观测已经生产的产品的市场地位来判断其市场趋势，调整自己的消费行为，而企业则更加依赖于预期的产品的市场地位来决定其生产行为。

在对企业行为的讨论中，我们默认企业会观测同类型企业的行为，形成适应性预期，由此形成或调整生产经营决策。在有限的地域范围或紧密的人际关系网络中，企业家主要通过人际关系网络和对他人收益的直观判断形成适应性预期，本地的"典型"故事在传播正向预期中起到了明显的作用。与传统产业集群的预期形成不同的是，网商通过互联网渠道高度关注外界信息，网络明星和成功典范对各地网商的重要影响不可忽视。与此同时，政府政策和其他市场信号也将对企业预期产生一定影响。

二、互联网环境下的适应性预期

如前所述，阿瑟主要讨论的是消费端的适应性预期问题，但是生产端的适应性预期也同样重要，加入了互联网这一连通性条件后，我们同样可以将适应性预期分为对本地实体产业的适应性预期、对互联网的适应性预期和对"互联网＋"的适应性预期。

对本地实体产业的适应性预期，指的是本地生产商和服务商对目前所从事的产业的预期，正向的预期可以维持本地产业的进一步投入，而负向的预期则会影响本地产业的发展。

对互联网的适应性预期，指的是消费者和企业对电子商务这一购买、销售途径的预期。

上述两者的结合，构成对"互联网＋"的适应性预期，如果仅有对本地实体产业的适应性预期而没有对互联网的适应性预期，则仅会投入本地产业的发展，不会选择通过电子商务的形式进行销售；反之，没有对本地实体产业的适应性预期而仅有对互联网的适应性预期，则会选择轻资产的电子商务模式，成为中间商，并不会投入本地产业的发展。

本章分为四节，第二节主要讨论了人际网络中的典型传播对适应性预期的影响，区分了本地的典型作用（在场的典型）和通过互联网形成的典型作用（在线的典型）；第三节主要讨论宏观背景中的信号对适应性预期的影响；最后一节是本章的总结。

第二节　人际网络与"典型"的传播

一、在场的典型：关于红利的预期

以电商县市为案例考察适应性预期的形成，需要注意的是，电商县市或者电商村镇相对于一二三线城市而言，地域范围相对有限、人际关系网络更为紧密，企业生产行为和收益可以相对近距离地观察。熟人社会和日常互动圈子中可以直接接触到的典型将显著影响企业或者个体网商对产业发展的预期，影响的程度则与产业红利大小、可观察性及信息影响范围有较大关系。

在睢宁的调研中，我们能明确感觉到先行者产生的榜样作用，加速了网店由点至线、由线至面的扩散发展。汪向东教授"沙集模式"研究中刻画的"三剑客"（东风村最早的三位创业者孙寒、陈雷、夏凯）形象在当地早已深入人心。之所以影响如此之大，和村镇紧密人际关系下便于近距离观察且信息传播快，以及和"三剑客"在电商发展早期阶段进入、获得高额利润有很大关系。

孙寒等3人经营网销家具之初，一个普通的书架可以卖到200多元，利润高达70%~80%。高利润提高了村民的适应性预期，使得开家具淘宝店在短时间内成为村民的首选。网销家具对物流运输的依赖度很高，物流车辆和物资的频繁进出随时可以引起村民的关注，加速了网店经营信息的传播和扩散。

《中国淘宝第一村》第20页：东风村的村民很快发现孙寒家进进出出拉货的车越来越多，隐约听说他在网上卖家具挣了大钱，却摸不透其中的名堂。没过多久，住在对门的王朴找上门来。王朴跟孙寒同龄，他家兄弟仨和村里大多数人一样，没读几年书就去干塑料回收再加工的买卖。干塑料回收挺辛苦的，每天能赚三五十块钱就不错了。可住在对门的孙寒就不一样了，不用出门，只要坐在家上上网，一天就能赚千把元。这让王朴很好奇，这生意是怎么个做法？钱是怎么弄到他兜里的？孙寒把开网店的"奥秘"告诉了王朴，王朴立刻觉得不错，比干塑料回收轻松，挣钱又多，于是央求孙寒帮他注册店铺，教他开店。可王朴那时连打字都不会，只能用"一指禅"。想用"一指禅"来敲键盘，手指不听话，分不开，合不拢。这就是东风村著名的"一指禅"开网店的经历。

上述材料说明，网销家具的高利润足以使后来者形成较强的预期，从而克服技术障碍和产业转移问题，加入电商行列。这一典型的作用不仅对本村的人有影响，甚至还通过人际关系网络传递至外出打工的年轻人，从而吸引部分劳动力回流，不断壮大电商队伍。

《中国淘宝第一村》第56页：妻子王玲的情报很快让刘兴利把目光投到木条子上来。他了解到，这些待加工的木条是来自浙江美亿家公司，从那里拿货回来，经过孙寒的巧手这么魔术似的一变，实际上几十元成本的一件产品，要卖到二百多元。开始做的时候大家看不出来实际利润，但做出了量，每天邮政局的车开来拉货时，立马吸引了村民的眼球。

刘兴利：我是1995年大学毕业以后到徐州的一家企业上班，刚开始出来就叫双向选择，那是第一年，学生毕业以后不包分配，自谋职业。后来签完一个，在南京签了一个国有企业，到了单位以后也干了好多年。到了2006年、2007年的时候，我老家这个地方，我听我爱人说的，她经常回来，我不大回来，她说我们这个地方有两三个小伙子在搞网上的东西，挺好的。那一年在家过春节的时候，我就问了，咨询了一下我们附近的，毕竟是农村么，亲戚朋友我也找了，我也看了他们这个，确实给发货，以前我接触的淘宝是买东西，在网上卖东西，我感觉是挺超前的，对于农村来说挺超前的。我看他们生意确实挺好，我想他们能做，我应该也没问题。于是过完春节以后，就注册开店了。

刘兴利工作的企业是本地一家较大的私营企业，而刘兴利本人回乡时是研究生学历。由此可见本地典型的作用、紧密人际关系网络信息传播的重要性和产业高额利润的影响。

对于多数人来说，睢宁家具产业的高回报毫无疑问是主要的吸引力。

访谈者：当时为什么决定要回来呢？

康荣：赚钱，当时在江泉做的时候，我一个月的工资也就七八千元，回来在那边是停薪留职的，意思是先回来三个月试试看，不瞒你说，到家第一个月就赚了七万多元，然后就辞职了。

访谈者：当时谁跟您说可以回来做这个的？

康荣：我姐夫（张程）。……他比我早将近一年，2009年，我是2010年6月开始做的，他是2009年下半年。

与康荣原先七八千元的工资相比，回乡后的工资涨了近10倍。对于多数外出务工人员而言，外出的主要目的是追求高回报的工作机会，既然本地就业同样可以创造高回报，那么返乡创业自然成为许多外出务工人员的选择。

在赤壁的调研中，我们也同样观察到"小地域、近关系"对适应性预期形成的影响。接受访谈的吕香雪是赤壁市区一家茶叶店的老板，因为网销茶叶做得好（目前是淘宝的两皇冠店铺，茶叶网店月销售收入10万元），同在一条街的茶叶实体店纷纷效仿她，开始做茶叶网销并大量囤货。

访谈者：你的网店做得好，有没有人受你的影响，也在开店？

吕香雪：很多，这条街以前只有两家，现在基本上家家都在做。

访谈者：你的因素有多大的影响，你觉得？

吕香雪：应该是99%，我开店的时候，大家都知道我没钱，大家都知道我是怎么一步一步走出来的，而且从一个门店到三个门店，因为我当时请了四五个人，大家都说一个月开工资、水电费、房租都是一两万元，她肯定挣钱，不挣钱她会请人吗？现在这条街基本上每一家店都在开网店。

访谈者：他们这些人原先跟你有亲戚朋友关系吗？

吕香雪：没有。

访谈者：他们会来找你求教吗？

吕香雪：不会，他们只有一个目标，就是看我在网上哪一款卖得好，他们就卖哪一款，我卖 15 元他们就卖 14 元，我卖 10 元他们就卖 9 元。

访谈者：他们是因为观察到你赚钱了，卖了什么产品，然后跟着做？

吕香雪：对，跟着做。

访谈者：然后他们有目的地去看你的网店？

吕香雪：对，我们这条街的人都看，因为网店后台有一个数据。

访谈者：他们大概是什么时候开始跟着做的？

吕香雪：最多的那一年是 2015 年。

访谈者：本地人纷纷开始效仿你？

吕香雪：对。像我们这样开实体店的，基本上都在开淘宝店……我是 2015 年搬到上面来开 3 个门店，所以大家看到我越做越大了，几家大的都直截了当地跟我说，吕总我现在向你学习，跟你一样囤货。因为我囤货，他们现在也学我，在年前的时候，差不多帮他们进了两百多万元的货，大家都向我学习跟我一样，门店的生意不丢，网上的生意不丢，但是有余钱全部压货。

访谈者：他们问过你，然后就知道你囤货是吧？然后也想跟着学？

吕香雪：大家都在流传说你家囤了 1000 多万元的货，我说那倒没有，我说囤了一点货，囤了几百万元的货，但是 1000 多万元没有，都说你当时只有几十万元，现在变成了几百万元，我说这个是真的，然后就开始都向我学习，现在租仓库的都有好几个，把所有的其他方面的投资全部都抽回来了。

两个案例均说明了在场的典型对适应性预期形成的影响。当观察到其他人的经营行为带来的潜在红利时，周围人开始形成较高预期并纷纷效仿。但是，两个案例之间也存在诸多差异。睢宁的电商创业发端于东风村，人际关系更为紧密，电商经营行为可观察性更强，信息传递质量更高、范围更广,其影响范围波及周边村镇及在外返乡创业人员。而赤壁的电商创业发端于县域,人际关系相对疏远,主要限于近距离观察优势,可扩展性有限,影响范围主要是县域本地成功典型所在的茶叶一条街。同时,睢宁的电商创业起步更早,"三剑客"在 2006 年淘宝等电商平台发展初期就起步了,当时淘宝经营者有限而市场巨大,利润相当可观。而赤壁的电商创业起步较晚,以吕香雪为代表的茶叶网商 2012 年才起步,选择的是青砖茶这一相对小众的产品,和睢宁 6 年前起步的网销家具相比吸引力较小,影响范围主要限于开茶叶实体店的小群体。

事实上,在赤壁电商发展过程中,新购网负责人宋扬是当地知名度较高、影响力较大的典型人物。但是他的主要身份是平台商,对网商的带动作用不好估量。同时,新购网的经营模式没有得到一致认同,经营情况尚不理想,使其难以成为强化适应性预期的在地典型。

杨俊:新购网我很了解。首先自己搭建一个平台。搭建一个平台之后,全国所有网民都可以看到这个平台,在上面买东西。是吧?这个很简单对不对?就是这个样子的,现在问题来了,无论你搭什么样的平台,你能比得过京东吗?你能比得过淘宝、天猫吗?我的意思是说,你搭个平台完全是没有用的,搭起来之后没有人会在那儿买东西。他的平台根本就不可能做大。

赤壁同样具备本地的网络典型,但是适应性预期的形成不仅在于网络典型本身,还在于网络典型所传递的信息,包括网络典型自身的经营情况、红利大小,以及典型信息可扩展的范围等。两个案例在上述各个方面存在的差异导致两地在适应性预期形成方面产生了反差。睢宁是相对更大范围的高预期和高涨的创业热情,赤壁则是有限范围的温和预期。

二、在线的典型:关于电商明星的崇拜

如果说在电商产业发展中,本地典型人物对跟从者适应性预期的影

响是具体的、实在的，通过红利吸引和人际关系网络传播的。那么，在线典型对各地创业者的影响更多的是关于电商明星的崇拜，这种崇拜包括对明星个人以及电商行业和电商模式的认同。在我国电子商务行业发展过程中，由于部分成熟第三方平台发展出的绝对市场地位以及借助互联网媒介及产生的广泛影响，已形成了以阿里巴巴的马云、京东的刘强东为代表的一批电商明星，在各地的创业者中产生了较强的社会影响。

《中国淘宝第一村》第123页至第127页：董静（睢宁的女网商）心目中的英雄是马云，认识英雄马云是在《赢在中国》里。她对英雄的崇拜，激发出创业的冲动，感觉有一条看不见的江河，在她的心中奔流喧嚣，让董静无法平静。

2011年，在浙江杭州人民大会堂，阿里巴巴举行了一场规模空前的电商盛会，董静去了。她远远地看到了马云，听到了马云演讲的声音。如何能近距离见到自己崇拜的偶像呢？董静开始想办法。想见马云，作为一名普通的电商，哪有那么容易？董静灵机一动，写了一封信，内容如下："马老师，没有您就没有我的今天！我能见您一面吗？"她又买了一束鲜花，恳求马云的秘书将这份心意转给马云。董静的目的达到了，马云很快见了她。在了解她的情况后，马云说，你要做强做大自己的品牌！还欣然与董静合影留念。董静把这幅珍贵的合影挂在家里，并把马云的话牢牢记在心里，那就是做强做大自己的品牌。

与在地典型的直接示范作用不同，明星人物的象征意义更强，但是激发的社会预期和影响力不可忽视。明星人物既可能在创业初期激发个人加入电商行列的热情，激发本地的企业家精神，同时也有利于坚定创业者从事电商的长期信仰，就像案例中的董静一样，从起步到做大做强，不断为之努力。

在睢宁的访谈和实地走访中，不仅能够感受到网商对明星人物的崇拜，还能体会到崇拜背后对电子商务模式的共识。这一共识首先体现在沙集镇东风村的各条街道上。在东风村，有依据电商平台起名的"阿里路""淘宝大道""天猫路",有直接以阿里巴巴创始人命名的"马云大道",还有以电子商务研究领域较为出名的学者命名的道路,比如以"沙集模式"的提出者汪向东命名的"向东路",以阿里巴巴集团高级研究员、副总裁梁春晓命名的"春晓路"。对这些道路的命名,在一定程度上反映了创业者对明星人物的崇拜及对本地电子商务发展的期望和信心。

《中国淘宝第一村》第65页作者陈恒礼对刘兴利的采访可以提供佐证。

陈恒礼:东风村的路,真会命名啊,除了这些路,还有一个五六里长的淘宝一条街。

刘兴利:这些路名,据说不符合上面有关命名规定。不符合规定又会怎么样啊?当地老百姓愿意这么起,愿意这么叫,这里既有他们的感恩之心,也是他们的希望所寄。在自己家门口叫,叫给自己听,自己就觉得舒坦放心。至于外地人叫不叫、服不服,东风村和沙集镇的电商们又没有要求过。合乎规范的叫法老百姓不一定接受,老百姓心里想叫的也不一定符合规范。这些路,预示着农民奔向现代化农村的幸福之路,是充满生机的富裕之路。过去没有实现发财梦的环境,现在出门都是大路大道,更有一条看不见的电子商务信息化高速公路。东风村的农民动一动手指头,全世界都知道。你说这些是以前可以相比的吗?农民的电商之路,是农民利用信息化走向梦想的金光大道啊。

事实上,对于发展中的电商县市而言,在场典型和在线典型常常是同时存在的。理论上,在线典型、电商明星对各地创业者的影响是无差异的,但是,在场典型的成功实践和近距离示范无疑可以强化在线典型的影响力,推动形成崇尚电商、认同电商模式的文化氛围。睢宁案例就是在场典型和在线典型之间产生相互影响、形成叠加作用的典型。赤壁案例中,在场典型影响力相对不足,在一定程度上制约了在线典型的社会影响力和电商整体氛围的形成。

图 8 − 1　沙集镇主要街道

第三节　政策激励与媒体报道

一、强化政绩激励的宏观政策

近年来，国家出台了一系列关于支持和鼓励电子商务发展的政策，特别是，2014 年以来鼓励农村电子商务发展的政策密集出台。在这一背景下，地方政府发展电子商务的政绩激励不断强化。

2014 年，基于互联网普及应用和农业、农村发展的需要，政府对农村电子商务的关注和支持力度显著提高。2014 年，中央一号文件提出"加强农产品电子商务平台建设"，释放了支持涉农电子商务发展的信号。国务院印发的《国务院办公厅关于促进内贸流通健康发展的若干意见》，从发展现代流通方式、完善基础设施建设、改革流通领域、改善营商环境等方面出台具体政策，为电子商务发展提供了有利的外部环境。2014 年 9 月，国务院颁布《物流业发展中长期规划（2014—2020 年）》，明确提出发展农村物流；2014 年 7 月，财政部办公厅和商务部办公厅联合发布《关于开展电子商务进农村综合示范的通知》，明确在 8 个省、56 个县开展电子商务进农村综合示范，建立适应农村电子商务发展需要的支撑服务体系，发展与电子交易、网上购物、在线支付协同发展的物流配送服务。商务部、国家发展改革委等 13 个部门出台《关于进一步加强农产品市场体系建设的指导意见》，明确提出加快建设高效畅通、安全规范、竞争有序的农产品市场体系；2014 年，世界互联网大会期间，国务院总理李克强考察浙江义乌青岩刘村，充分显示出国家领导人对农村电子商务发展的关注。

2015 年，电子商务作为新兴产业和新兴业态进一步得到国务院和有关部门的高度重视。2015 年 3 月，在第十二届全国人民代表大会第三次会议上，国务院总理李克强在《政府工作报告》中三次强调电子商务的发展。国务院先后发布了《关于大力发展电子商务加快培育经济新动能的意见》《关于积极推进"互联网＋"行动的指导意见》《关于推进线上线下互动加快商贸流通创新发展转型升级的意见》《关于促进农村电子商务加快发展的指导意见》《关于大力推动大众创业万众创新若干政策措施的意见》等多个文件，这些文件不仅明确了发展电子商务的战略定位，而且从商贸流通、农村以及创新创业等方面提出了具体的政策和措施。

宏观政策密集出台使得地方政府对电子商务工作的重视程度明显提高，成为地方发展经济新的考量因素之一。部分地区将"电子商务发展"纳入其政绩考核范围则进一步强化了政绩激励效应。根据对睢宁的调查，2015 年，徐州市开始进行县级电子商务发展考核工作，在 2015 年度电子商务发展工作考核中，睢宁县位居全市第一位。但是，事实上，睢宁的电子商务发展在全国起步较早，主要在发展的中后期受到宏观政策的激励，强化政府和企业预期，促进其进一步发展。其电商发展的脉络是"先行者创业成功—跟随者形成预期—规模化发展—政府支持—宏观政策激励和政策传导—强化预期—更大规模发展"。睢宁案例是在已有市场预期和企业获利的前提下，通过政府政策强化企业的预期。赤壁的电子商务发展同样受到宏观政策的影响和激励，在政策激励之下，赤壁市政府不仅对本地平台建设给予了资金投入和实际支持，同时积极争取电子商务进农村综合示范项目，全面开展物流体系、村级服务站和特色馆建设等。但是在产业发展过程中，政府政策激励固然重要，还要受到现实条件的制约。政府政策激励如何转化为企业的市场预期是一个问题，政府政策激励的传导需要和潜在的市场机会结合在一起，才能形成促使企业决策的有效预期。

二、媒体报道对企业预期的影响

企业市场预期的形成，不仅受到市场信号和先行者行为及政府政策的影响，媒体报道的影响同样不可忽视。本书关注的两个案例中，受到媒体报道较大影响的是睢宁。因赤壁电商发展尚未产生较强的新闻效应，本书不做讨论。

根据对历史资料的梳理，对睢宁的新闻报道大体分为两个阶段：一是 2010 年之前地方媒体的广泛报道。这主要包括：2009 年 7 月 18 日，《南方都市报》刊登题为《Ctrl + C 成功复制新型农民军》的文章；2009 年 9 月 1 日，《重庆商报》报道"江苏农民开网店年销售达 5000 万"，鼓励"重庆农民要向睢宁学习"；2009 年 9 月 4 日，《徐州日报》以《睢宁沙集千余农民开网店》为题，报道了沙集镇东风村 300 多户人家在"淘宝"开网店的情况；2009 年 10 月 16 日，《钱江晚报》刊登题为《睢宁县淘宝村：整村农民"二指禅"打字开网店》的文章等。"沙集现象"开始受到关注。二是 2010 年第七届全球网商大会之后，"沙集模式"的提出和全国主流新闻媒体的广泛宣传，使得"沙集现象"引起更大范围的关注。2010 年 9 月 10 日，第七届全球网商大会在杭州召开，睢宁县沙集镇获得本届大会唯一的"最佳网商沃土奖"。此后，中国社会科学院汪向东教授与阿里研究院共同对沙集镇进行调查并提出"沙集模式"。2010 年 12 月，中国社会科学院和阿里巴巴集团在睢宁共同主办农村电子商务暨"沙集模式"高层研讨会，肯定"沙集模式"在农村工业化和信息化进程中的重要意义。同月，东风村被中国电子商务协会授予"中国电子商务农村创业优秀奖"。2011 年 2 月 22 日，由中国社会科学院信息化研究中心和阿里研究中心在北京共同主办农村电子商务"沙集模式"调研报告发布暨研讨会，来自商务部、农业部、工业和信息化部等多个部门、几十家权威研究机构的官员和专家学者以及江苏省睢宁县和沙集镇的领导、网商代表等共 100 余人参加会议，会上发布的《"沙集模式"调研报告》受到多家主流媒体广泛报道，"沙集现象"获得巨大的社会关注。2011 年 5 月，江苏省推进农村信息化现场会在睢宁召开，沙集镇被授予省内第一个"江苏省农村信息化应用示范基地"称号。

媒体对"沙集现象"的集中报道、研究机构对"沙集模式"的总结提炼、高层领导对睢宁的关注、对睢宁网商的预期无疑产生了正向的强化效应。在睢宁访谈过程中，常常感受到网商对媒体报道的兴趣、热情和来自方方面面的信心。2012 年之后，沙集镇网商在规模化发展的基础上，仍然出现快速增长，一方面源自产业发展的内在规律及其他因素，另一方面可能与外界激励带来的强预期有关。其中，2011 年之后大量出现的外来创业者，与媒体的广泛宣传和对本地产业发展预期有一定关系。当然，媒体宣传和产业发展显然是一个互相强化的关系，只有当产业发展到一定规模才会得到相应的关注和宣传，反过来，因为有了媒体宣传，才会获得更高预期下的快速发展。

第四节　对适应性预期的进一步讨论

一、预期的相互强化

阿瑟所讨论的适应性预期虽然是从消费者的角度出发的，但是预期的前提是消费者观察到"技术的市场地位上升"，才会强化关于技术的信念。我们从企业（生产者）的角度出发讨论适应性预期对产业发展的影响，同样要结合生产者的参照群体和关注范围来考察。

在场典型和在线典型的区别在于两个方面：一是距离远近。在场典型是生产者（或者说是跟随者）在实际生活中可以近距离观察的参照群体，获得信息比较真实，形成的预期更为可靠。在线典型距离相对遥远，虽然媒体宣传使得在线典型的影响不断强化，但是形成的预期相对模糊。二是名与实。在线典型传递的是关于市场获利和具体行业的信息，主要是形成关于模式的预期和精神的感召力，如果缺乏在线典型的影响和示范，在线典型就容易虚化。这就是为什么电商明星能够在全国产生广泛的影响和感召力，但是在电商发展的先行地区更加深入人心，更能产生实际的引领作用。虽然政策激励和媒体报道能强化企业的预期，但是相比之下，市场预期对于企业而言显然更为重要。事实上，政策激励和媒体报道很难离开市场预期独立存在。

二、电商模式的典型作用

与传统产业的预期仅停留在特定产业相比，互联网环境下的适应性预期呈现出了一种超越产业限制、对特定销售方式的信心，在本书的讨论中，即是厂商对电子商务模式的信心。

对特定产业的信心和适应性预期只能限制在产业内部，往往会刺激人们承担产业的转移成本，创造新的初始投入，过高的信心还会带来生产过剩、价格下跌和产业的重组。对于地区来说，全国性的对特定产业的信心则会加剧地区间的不平衡，或者使得一些并不具有生产比较优势的地区转向。而对特定销售方式的信心则不存在上述问题，任何产业配合特定的销售模式，都能够让人产生基本类似的良好预期，且销售模式并不存在区域限制。

第九章　总结与讨论

第一节　自我强化机制中的四个效应

通过以上四章对自我强化机制中四个效应的进一步讨论，我们可以将涉及的变量关系整理为图 9 – 1。

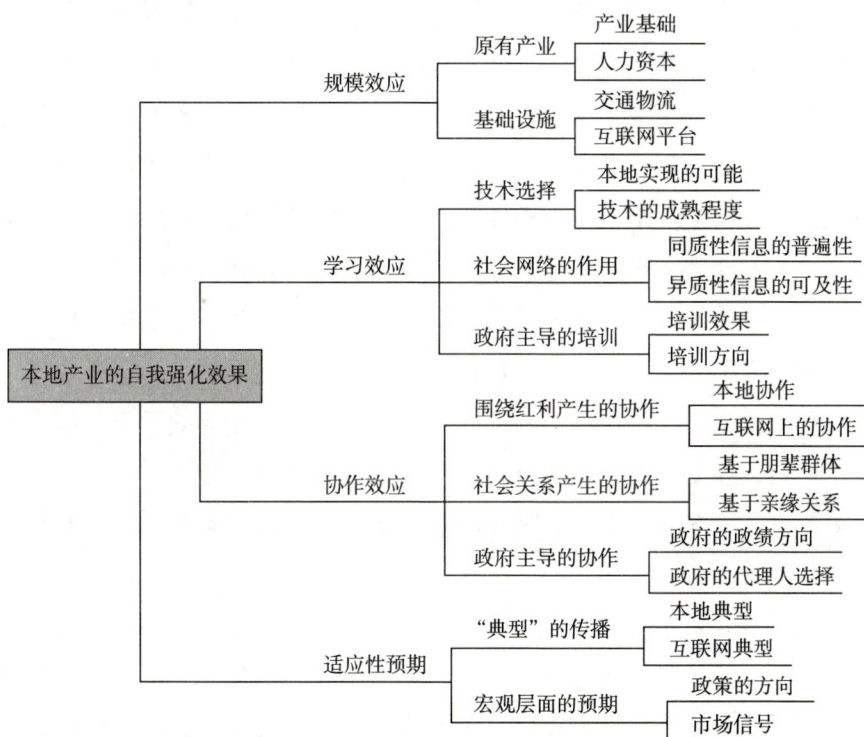

图 9 – 1　自我强化机制四个效应的分析框架

布莱恩·阿瑟用严格的数理证明论证了自我强化机制的存在和基本特征,但是其对自我强化机制中四个效应的讨论并不充分,本书基于上述理论,从两个起点相似但是电子商务发展情况迥异的县市出发,围绕政府、企业和社会关系中的行动者这三个主体,讨论了四个效应的现实发生机制。

循着阿瑟所提出的规模效应,本书试图厘清规模效应下产业转型的可能性和多主体条件下的规模效应发生机制。对于第一个问题,本书引入了对一个地区原有产业的讨论,原有产业的发展情况会影响到新兴产业的转移成本和人力资本等,进而影响到新兴产业的规模效应。具体来说,分散的、发展状况良好的原有产业更不容易产生新兴产业的规模效应("传统产业+互联网"的情况除外)。对于第二个问题,本书主要关注了规模效应中交通物流和互联网平台建设的多主体协同问题。对于本地产业电子商务的发展来说,地方政府能否建设好基本的物流体系以及本地产业的发展情况,影响了本地接入互联网后,是将本地产业"互联网化"还是被互联网化,成为互联网平台接入的消费市场,这两者的差别在很大程度上决定了本地产业受互联网影响的程度。本地产业是否选择接入全国性的互联网平台也会影响到本地产业的规模效应。

在对学习效应的讨论中,本书将学习效应置于竞争性的市场中,进一步分析了影响学习效应发挥作用的几个关键变量。其中,企业选择了何种技术作为其产业发展的核心技术会显著地影响企业的学习效应,对技术的讨论还需要进一步细分为技术在本地实现的可能性和技术本身的成熟程度,前者直接决定了学习效应能否发生,后者影响了学习的效率。在农村熟人社会中,学习效应的实现往往需要通过农村的熟人网络展开,基于此,对农村熟人社会网络的进一步讨论相当必要,本书发现,新兴的电子商务技术仍然通过传统的农村熟人社会网络传播,但与之不同的是,传播的主体往往是返乡的青年创业者,他们为充满同质性信息的网络带来了异质性信息,从而使得新兴的商务模式能够在本地生根发芽。

学习效应中也有政府的介入，这一介入常常在人际传播进行一段时间后才产生，成为后期大多数创业者的公共品。对比两地会发现，政府培训的范围和方向可能会影响本地后期大多数创业者的产业选择以及后续的学习效应。

与学习效应紧密联系的是协作效应，本书同样将协作效应置于竞争性市场中来讨论。传统对协作的讨论也大多围绕社会互助网络展开，本书也讨论了基于亲缘和朋辈群体的协作，并进一步分析了在朋辈群体中的协作内容，在对本地商户的访谈中发现，协作大多仅限于信息的分布问题，而不涉及信息使用能力的传授，由此推论，围绕一项技术的有效信息可以分布零散，但不能有较高的使用门槛。对于产业发展来说，更加重要的协作发生在围绕红利外溢而产生的协作网络，在互联网环境下，这一协作网络可以进一步划分为在本地释放的红利外溢和基于互联网的红利外溢，产业产生的红利越多，协作网络形成的速度也就越快。最后，如果我们将红利的概念泛化，由政绩驱动的政策协作也必须纳入考量之中。政府的目标函数与企业或者网商的目标函数是否一致，将影响到政府的政策选择和产业的发展方向。此外，政策的执行如果是通过特定类型的代理人，代理人的目标函数也直接影响了政策实施的方向。

最后是对适应性预期的讨论，与阿瑟关注消费者的适应性预期不同，企业的适应性预期是产业集群发展的内生性问题，本书重点讨论了围绕企业可能产生的适应性预期问题。假设了企业通过观测同类型企业的发展来进行决策，在农村熟人社会中，本地典型的存在以及典型人物经营决策的可观察性、获得红利的大小，都会影响村中其他商户的预期和效仿行为。与传统产业不同，在电商产业发展中，通过互联网络树立和形成的电商明星能够对商户产生强大的精神感召力，激发商户的创业热情和对电商模式、电商文化的认同。此外，宏观政策和市场不断释放电子商务模式的政策信号，也使得多数人坚信可以通过互联网的方式来改造原有产业或者开拓新兴产业。

产业发展中的自我强化机制，实际上是四个效应相互影响、共同发生作用的结果。其中，规模效应影响产业的发展方向和学习效应的积累，学习效应和技术学习的可能影响协作效应的大小，协作效应的产生一方面受到产业红利的影响，另一方面协作产生的红利外溢进一步作用于适应性预期，适应性预期的形成则进一步强化规模效应的积累，由此形成自我强化的机制。

第二节　外部环境协同中的多主体行为

在本书讨论中，我们从外部环境中区分了三类主体行为，分别是政策环境中的政府、产业环境中的企业和社会关系网络中的行动者，围绕电子商务的发展，三者发挥的效应并不相同。

社会关系环境往往是使得产业发生自我强化的启动器，尤其在村镇和县市环境中，这一主体或机制的作用更加鲜明。在睢宁电商发展的案例中，社会关系网络发挥了最初新技术的传播，以及电子商务产业发展中有效信息的传递等功能，社会关系网络中的部分行动者还为同质化的农村关系网络带来了异质性信息，提供了产业潜在变迁的可能。一些村镇如东风村则围绕电子商务的发展，迅速将社会关系网络转变为适应互联网生产的社会协作网络，从而加快了本地产业的发展进程。

政府在电商产业发展初期作用并不显著。无论是电子商务发展较好的睢宁，政府在相当长的一段时间内后知后觉或者鼓励其自主发展，还是电子商务发展步伐相对较慢的赤壁，政府一直试图打造本地电子商务，但是仍旧仅仅是民间自发形成的小规模电子商务。究其原因，是政府打造的本地产业必须通过"互联网＋"才能实现产业的红利，"互联网＋产业"的发展必须是本地产业和互联网效应两端发力才能成功。当然，在产业发展到一定阶段后，或者找到本地产业和互联网效应的结合点后，政府能够制定更加有效的公共政策、创造更加有利的发展氛围，推动本地电商产业的发展。

　　在对产业环境的讨论中，我们注意到个体企业的决策会影响到区域产业积累方向。更重要的是围绕一个产业的外溢红利发展起来的产业集群。传统讨论产业集聚多是指地理空间上的聚集，在电商的案例中，我们也观察到了如快递公司的地理空间集聚，但有所不同的是，通过互联网形成网络可及位置的集聚是电子商务发展的一个重要特征。由此我们关注到产业环境中一类重要的企业主体——平台。这和传统的产业环境有所差异。传统的产业环境中发挥更大作用的往往是产业链的上下游企业，而不是渠道型企业。在电子商务环境中，平台则成为产业生态环境的核心。

　　对上述三个主体在产业外部环境中协同行为的简要总结可以参见表9－1。

表9－1　外部环境中协同问题的三个行动主体的总结

外部环境中的协同问题	基本目标	基本行动	基本后果
政策环境中的政府	政绩最大化	出台引导产业发展的政策配合科层制内的政绩需要	当政绩方向和产业发展方向一致时能够促进本地产业发展
产业环境中的企业	利润最大化	影响产业的发展方向基于红利外溢程度产生协作	当产业能够产生足够的红利时能够稳定地提供协作
社会关系网络中的行动者	维持社会关系网络	满足网络中邻居的有限需求	当处在密集网络中时加速有关产业信息的传播

　　在对案例的讨论中，本书首先有对行动者的基本预设，即表9－1中"基本目标"一栏，结合案例分析后，我们可以将三个主体的基本行动总结为表9－1中的第二栏。由此带来了不同的结果，在睢宁案例中，我们可以发现，政府虽然在一开始是缺位的，但是随着沙集镇电商家具产业的发展壮大，如何维持并扩大本地的电商产业优势成为睢宁政府的重要

政绩目标之一,从睢宁"十三五"规划的转变中可以明显地看到这一点。因而形成了和产业发展方向较为一致的目标,其协同效果明显优于产业规模尚未壮大的赤壁。基于睢宁家具行业的规模,本地产业类型相对集中,均是围绕家具及其周边零配件的行业,这一集中单维的红利外溢特征使得本地产业环境中的其他企业能够有效地与本地家具行业协同,从而进一步促进了睢宁家具行业的发展。相比之下,赤壁的产业发展方向分散,红利外溢多维且不显著,产业大多处在原材料粗加工阶段,难以进一步形成有效的红利外溢。紧密的社会关系网络也为睢宁村镇层面的信息交流和学习提供了有利的机会,而赤壁县域网商之间的互动则并不频繁,松散耦合的网络虽然有潜在的异质性信息存在,但不利于同质性信息的快速传播。由此产生多主体在四个效应之间的协同差异和县市发展分化的情形。

第三节 互联网环境下的产业发展

本书的另一个重要主题是讨论互联网环境下自我强化机制的特征。选取两个案例进行比较的意图不在于讨论其成功与否,主要试图从四个效应的角度,分析造成两地电子商务发展差异的原因。

表9-2 睢宁和赤壁在互联网环境下四个效应的差异

互联网环境下的四个效应	睢宁	赤壁
规模效应	互联网+家具产业 产品有电商化条件 直接对接全国性平台	特色产业+互联网 产品不易电商化 试图利用本地平台
学习效应	围绕单一产业展开学习 农村熟人网络学习效应 熟稔电商平台规则	产业分散难以集中学习 正式网络学习初步知识 电商平台规则运用不足

续表

互联网环境下的四个效应	睢宁	赤壁
协作效应	电商发展早期进入 红利外溢水平高 借助平台匹配各类服务商 政府与企业较好协作	电商发展中后期进入 红利外溢水平正常 本地协作或自己承担专业化工作 政府与企业出现协作困境
适应性预期	本地电商明星"三剑客" 网络明星崇拜和电商模式认同	缺乏有影响的本地电商明星 网络明星的影响虚化

如表9-2所示，在规模效应上，睢宁的创业者直接选择了"互联网+家具产业"，家具作为大众消费品具备较好的电商化条件，创业者从一开始就依托成熟第三方平台降低了前期固定投入，获得了对接外部市场的乘数效应；产业起步期就推动电商与实体产业的同步发展，原有废旧塑料回收加工产业的衰落则降低了产业迁移成本，为电商产业发展孕育了商业传统、积累了人力资本。以上因素使得睢宁得以在短期内形成显著的规模效应。赤壁的创业者选择的是"特色产业+互联网"的发展路径，由于本地特色农产品较为分散多样，不易电商化，本地特色产业本身尚未形成规模，依托本地平台发展不仅固定投入高、交易成本高且拓展市场空间能力有限，因此未能形成预期之中的规模效应。

在学习效应上，睢宁大多数商户的注意力都放在家具产业上，容易通过紧密的人际关系网络强化学习效应，不仅如此，多数成功商户都熟悉淘宝各类新规则，并在不同程度上注意到了淘宝平台规则的重要性。政府提供的公共品较为丰富、深入，参与率较高，较好地实现了学习效应的扩散。而赤壁产业分散，人际关系网络相对疏淡，商户之间的共有信息和相互分享不足，不利于学习效应的形成。产业分散条件下的公共培训不够聚焦和深入，难以有效实现预期的培训目标和学习效果。

在协作效应上，睢宁在电商发展的早期阶段进入，在高额产业红利的吸引下，本地横向纵向的产业链协作迅速拓展，电商发展生态日益完

善，多数商户注重利用电商平台享受成熟的专业化服务，政府顺应产业
发展强化政策推动、园区规划等，最终本地协作和互联网协作共同推动
电商产业加速发展。赤壁的商户在电商发展的中后期阶段进入，此时产
业红利趋于正常，有限的规模效应不利于本地协作和专业化分工的深化。
同时，本地商户习惯通过本地或者依靠自身解决各类电子商务问题，借
助互联网专业力量的意识不足。政府与核心企业的协作目标不一致带来
协作困境，影响了整体协作效应的发挥。

在适应性预期上，睢宁不仅产生了孙寒为首的"三剑客"电子商务
明星，还充分地将电子商务的文化融入本地产业中，比如以电子商务相
关的企业主、学者的名字命名本地道路，形成了全县对电子商务模式的
共识。赤壁本地目前尚未产生盈利丰厚、影响力广泛的电子商务明星，
这一前提下，对电商明星的崇拜容易虚化，对电子商务模式的信心在访
谈中也难以体现。

正如本书提出的"互联网＋"效应，在更多的情况下是本地产业和
互联网环境中自我强化机制的共同作用所形成的，在电子商务发展中，
我们可以将互联网环境具体理解为平台，如图9-2所示。

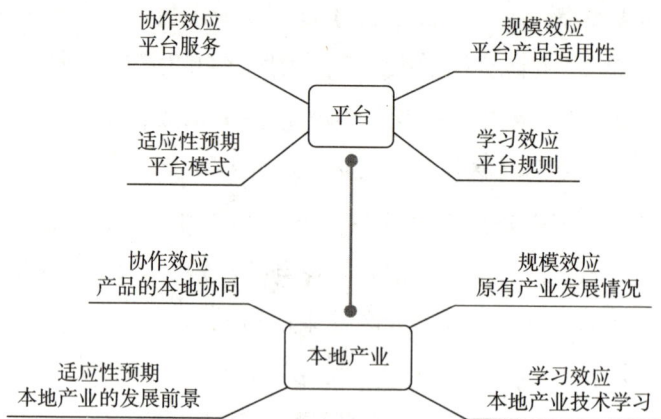

图9-2　平台和本地产业效应协同示意图

围绕互联网环境中的平台所产生的平台产品适用性、平台规则、平

台服务和平台模式可以大致看作分属于不同效应，对于本地产业同理。对于一个地区来说，如果该产品满足平台产品的适用性，就存在形成规模效应的可能，此时，若本地产业为这一新兴产业提供了发展空间，产品也存在满足本地产业潜在规模效应的可能，由此累加形成"互联网＋"的规模效应。如果仅仅满足其中一项，比如满足了本地产业的规模效应但并不满足互联网环境下的规模效应，则该产品依旧有可能在本地形成规模，只是并不通过互联网的形式来完成，比如传统的油气资源以及各类无法在互联网上出售的物品。满足互联网环境下的规模效应但并不满足本地产业的规模效应，也同样能够在互联网上形成规模，比如从外地拿货销售以及各类盗版电子书、游戏等虚拟产品。但是，并不能将本地产业和互联网环境下的平台效应看作是二者的简单相加。"互联网＋"效应和自我强化机制的形成既与本地原有的产业基础高度相关，又不完全取决于本地产业的发展情况，这是互联网情景下和传统工业化时期县域产业分布不完全同构的重要原因之一。

在第五章对规模效应的讨论中，我们可以区分出"互联网化"的方向问题，对于本地电子商务发展较差的地区来说，接入互联网后反而可能变成被互联网化的地区，甚至拉大了本地与其他地区间的差距，这对于本地实体经济的发展并不一定是一件好事。这一点可以从赤壁和睢宁的网商发展指数中得到一定程度的体现，2014 年，赤壁和睢宁的网购指数相差不大，分别为 6.835 和 5.135，但是网商指数差距悬殊，分别为 6.743 和 1.858，网商指数的差异体现了两地的互联网方向和水平差距。围绕产业本身产生的物流上下行的差异问题，这一互联网化和被互联网化是两类发展模式，这两类发展模式的差异可能会进一步扩大不同区域之间的"数字鸿沟"。早在 1954 年，Jacques Ellul（1964）就基于技术的逻辑预言了经济权力和政治权力终将被技术所吸纳，形成一个技术社会。现今我们能看到，基于互联网技术的平台正以数据驱动，不断吸纳市场中的权力和一部分政治权力。由此引申出的议题是复杂的，限于本书的议题，不做进一步讨论。

第四节　研究的不足和展望

一、研究的不足

本书虽然试图总结电商产业集群和传统产业集群形成机制的差异，但是研究的重点是结合案例探讨电商产业集群的自我强化机制，限于篇幅，仅能对两类产业集群形成差异的研究提供一些启发。

案例研究表明，自我强化机制背后的四个效应是相互作用、相互影响、相互强化的，目前对四个效应之间的关系分析尚有待深化。事实上，同一变量对四个效应的影响可能同时存在，为了避免重复，目前在内容处理上对各个效应进行了差别化的分析，这并不意味着这些变量仅对其中的某个效应独立发生作用。例如，产业红利的显现（尤其在电商发展初期阶段进入的电商）、巨额的红利将对规模效应、学习效应、协作效应和适应性预期都产生显著影响。但是为了分析的方便，目前仅将其放在协作效应和适应性预期中加以阐述。我们认为红利的出现对预期和协作效应的影响最直接，并通过影响预期进而作用于协作效应、学习效应和规模效应。但事实上，该变量对四个效应的影响都是不可忽视的。

二、研究的展望

1. 关于电商产业集群形成机制问题。目前的研究主要聚焦于文中的两个案例，当前电商县市、电商村镇在全国各地的蓬勃发展为自我强化机制和电商产业集群的研究提供了丰富、鲜活的案例，今后将持续关注电商县市发展，努力在多案例的研究中不断深化关于电商产业集群形成机制的认识。

2. 关于电商村镇发展展望。村镇产业复兴是互联网背景下出现的新现象。在工业化加快发展阶段，城市发展繁荣和规模经济的影响，使得村镇企业优势下降，逐渐没落消亡。当前村镇产业得以再次焕发生机既与村镇和县市的特点有很大关系，也与信息技术和互联网平台发展提供的机遇密切相关。一方面，村镇具有低成本的要素资源、紧密人际关系带来的学习效应、协作效应和预期效应，部分村镇更有一定的产业基础。这使得大量电商集群从村镇层面发展起来并形成燎原之势。另一方面，互联网基础设施的普及，外部成熟第三方平台和专业化协作资源的发展，解决了村镇发展传统产业所面临的市场空间有限、专业人才瓶颈等问题。在当前电商发展步入成熟阶段、电商产业红利趋于温和的背景下，后起的乡镇或者县市怎样把握发展机遇，村镇电商产业如何保持长期的生命力值得进一步研究。

参考文献

一、中文文献

［1］阿尔弗雷德·韦伯.工业区位论［M］.李钢剑，等，译.北京：商务印书馆，1997.

［2］阿尔弗雷德·马歇尔.经济学原理［M］.朱志泰，译.北京：商务印书馆，1964.

［3］阿里巴巴（中国）有限公司.中国淘宝村［M］.北京：电子工业出版社，2015.

［4］阿里巴巴集团.大势——中国信息经济发展趋势与策略选择［M］.北京：中国计划出版社，2015.

［5］阿里研究院.2014年县域电子商务发展微报告［EB/OL］.阿里研究院网站.

［6］阿里研究院.中国淘宝村研究报告（2014）［EB/OL］.阿里研究院网站.

［7］阿里研究院.中国淘宝村研究报告（2015）［EB/OL］.阿里研究院网站.

［8］阿里研究院.2015年中国县域电子商务报告［EB/OL］.阿里研究院网站.

［9］阿里研究院.2016年阿里巴巴商业服务生态报告［EB/OL］.阿里研究院网站.

［10］中国国际电子商务中心.中国电子商务报告（2015）［M］.

北京：中国商务出版社，2016.

[11] 埃弗雷特·罗杰斯. 创新的扩散［M］. 辛欣，译. 北京：中央编译局出版社，2002.

[12] 奥利弗·E. 威廉姆森. 治理机制［M］. 王健，方世建，等，译. 北京：中国社会科学出版社，2001.

[13] 陈恒礼. 中国淘宝第一村［M］. 江苏：江苏人民出版社，2015.

[14] 赤壁市地方志编纂委员会. 赤壁市志（1986—2005）［M］. 武汉：湖北科学技术出版社，2015.

[15] 崔丽丽，潘善琳，等. 农村电商新生态——互联网＋带来的机遇与挑战［M］. 北京：电子工业出版社，2016.

[16] 费孝通，张之毅. 云南三村［M］. 北京：社会科学文献出版社，2006.

[17] 费孝通. 费孝通文集（第十卷，1985—1986 年）［M］. 北京：群言出版社，1999.

[18] 李孜. 第六次城乡大变革——从中国历史上城乡关系变迁看互联网和电子商务促进新型城镇化［J］. 阿里商业评论，2014.

[19] 马歇尔. 经济学原理［M］. 朱志泰，译. 北京：商务印书馆，1965.

[20] 罗建发. 基于行动者网络理论的沙集东风村电商—家具产业集群研究——"沙集模式"的生成、结构和转化［D］. 南京：南京大学，2013.

[21] 罗纳德·伯特. 结构洞：竞争的社会结构［M］. 任敏，李璐，林虹，译. 上海：上海人民出版社，2008.

[22] 刘坤. 机会捕捉的社会过程——以西岳水产的企业成长为例［D］. 北京：北京大学，2015.

[23] 刘亚军，储新民. 中国"淘宝村"的产业演化研究［J］. 中

国软科学，2017（2）.

［24］罗明，杨佳男，张钱，刘永杰，刘荣慧．中国县域电商三大发展模型趋势简析［J］．经贸实践，2016（2）.

［25］克里斯泰勒．德国南部中心地原理［M］．常正文，王兴中，等，译．北京：商务印书馆，1968/1998.

［26］卡尔·夏皮罗，哈尔·瓦里安．信息规则——网络经济的策略指导［M］．张帆，译．北京：中国人民大学出版社，2000.

［27］牛禄青．县域电商：意义、动向与模式［J］．新经济导刊，2016（3）.

［28］邱泽奇，范志英，张樹沁．回到连通性——社会网络研究的历史转向［J］．社会发展研究，2015（3）.

［29］邱泽奇，张樹沁，刘世定，许英康．从数字鸿沟到红利差异——互联网资本的视角［J］．中国社会科学，2016（10）.

［30］S. 戈登·雷丁．华人资本主义精神［M］．谢婉莹，译．上海：上海人民出版社，2009.

［31］睢宁县志编纂委员会．睢宁县志（1978—2013）［M］．江苏：江苏人民出版社，2016.

［32］商务部．中国电子商务报告（2015）［M］．北京：中国商务出版社，2016.

［33］藤田昌久，保罗·R. 克鲁格曼，安东尼·J. 维纳布尔斯．空间经济学——城市、区域与国际贸易［M］．北京：中国人民大学出版社，2013.

［34］王倩．淘宝村的演变路径及其动力机制：多案例研究［D］．南京：南京大学电子，2015.

［35］汪向东，梁春晓．"新三农"与电子商务［M］．北京：中国农业科学技术出版社，2014.

［36］魏延安．农村电商—互联网＋三农案例与模式［M］．北京：

电子工业出版社，2015.

［37］魏晶. 网络时代的江村经济：彭村家庭工厂调查［D］. 苏州：苏州大学，2012.

［38］王小乔. 一个贫困县村庄的打工变迁史［N］. 南方周末，2011－03－10.

［39］杨思，李郇，魏宗财，陈婷婷. "互联网＋" 时代淘宝村的空间变迁与重构［J］. 规划师，2016（5）.

［40］叶秀敏，汪向东. 东风村调查——农村电子商务的 "沙集模式"［M］. 北京：中国社会科学出版社，2016.

［41］张晓雪. 基于创新扩散模型的移动互联网用户采纳研究［D］. 南京：南京大学，2013.

［42］张纯元，曾毅. 市场人口学［M］. 北京：北京大学出版社，1996.

［43］中国社科院信息化研究中心，阿里巴巴集团研究中心. "沙集模式" 调研报告［R］. 2010.

［44］周长青，中国科学院大学中关村网络经济开放实验室. 中国县域电子商务的八大模式［J］. 中国乡村发现，2016（2）.

［45］周太黑. 中国八大县域电子商务模式解读及启示［EB/OL］. ［2015－07－20］. 网易科技.

［46］朱邦耀，宋玉祥，李国柱，于婷婷. C2C 电子商务模式下中国 "淘宝村" 的空间聚集格局与影响因素［J］. 经济地理，2016（4）.

二、英文文献

［1］Acheson, J. M., & Reidman, R. . Technical innovation in the new England fin-fishing industry: an examination of the downs and Mohr hypothesis ［J］. *American Ethnologist*, 2010, 9（9）：538－558.

［2］Allen, D. New telecommunications services: network externalities

and critical mass ［J］. *Telecommunications Policy*, 1988, 12 （3）:
257 – 271.

［3］ Baldwin, R. E.. The Core-Periphery Model With Forward-Looking
Expectations ［J］. *Regional Science & Urban Economics*, 1999, 31 （1）:
21 – 49.

［4］ Baldwin, R. E. , & Forslid, R.. The Core-Periphery Model and En-
dogenous Growth ［J］. *Social Science Electronic Publishing*, 1997, 67 （67）:
307 – 324.

［5］ Beal, George M and Everett M. Rogers. Informational Sources in the
Adoption Process of New Fabrics ［J］. *Journal of Home Economics*, 1957
（49）: 630 – 634.

［6］ Brian Uzzi and Jarrett Spiro. Collaboration and Creativity: The Small
World Problem ［J］. *American Journal of Sociology*, 2005, 111 （2）:
447 – 504.

［7］ Cancian, F. Stratification and risk-taking: a theory tested on agricul-
tural innovation ［J］. *American Sociological Review*, 1967, 32 （6）: 912.

［8］ Carlson, R. O. Adoption of educational innovations ［J］. *Educa-
tional Administration*, 1965 （1）.

［9］ Currie, M. , & Kubin, I.. Chaos in the core-periphery model ［J］.
Journal of Economic Behavior & Organization, 2006, 60 （2）: 252 – 275.

［10］ Coleman, J. , Katz, E. , & Menzel, H.. The Diffusion of an Inno-
vation Among Physicians ［J］. *Sociometry*, 1957, 20 （4）: 253 – 270.

［11］ Dewees, C. M. , & Hawkes, G. R.. Technical innovation in the
pacific coast trawl fishery: the effects of fishermen's characteristics and percep-
tions on adoption behavior ［J］. *Human Organization*, 1988, 47 （3）:
224 – 234.

［12］ Deutschmann, P. J. , & Danielson, W. A.. Diffusion of knowledge of the major news story [J]. *Journalism & Mass Communication Quarterly*, 1960, 37 (3): 345 – 355.

[13] Dimit, & Morgan, R. *Diffusion and adoption of approved farm practices* in 11 counties in southwest Virginia [D]. Iowa State University, 1954.

[14] E M Rogers and G M Beal. The Importance of Personal Influence in the Adoption of Technological Changes [J]. *Social Forces*, 1958, 36 (4): 329 – 335.

[15] Eric von Hippel. *The sources of innovation* [M]. Oxford: Oxford University Press, 1988.

[16] Hamblin, Robert. L., Jacobsen, & Miller. A mathematical theory of social change [M]. New York: Wiley, 1973.

[17] Howkins J. The Creative Economy—— How People Make Money From Ideas [M]. London: Penguin Group, 2001.

[18] Huntington, D., Lettenmaier, C., & Obengquaidoo, I.. User's perspective of counseling training in ghana: the "mystery client" trial [J]. *Studies in Family Planning*, 1990, 21 (21): 171 – 177.

[19] Jacques Ellul. *The Technology society* [M]. Translated by John Wilkinson. New York: Vintage Books, 1964.

[20] Krugman. *The Spatial Economy: Cities, Regions, and International, Trade* [M]. Cambridge: MIT Press, 1999.

[21] Katz, E., & Lazarsfeld, P. F. *Personal influence : the part played by people in the flow of mass communications* [M]. Transaction Publishers, 2006.

[22] Lanaspa, L. F., Pueyo, F., & Sanz, F.. The Public Sector and Core-Periphery Models [J]. *Urban Studies*, 2001, 38 (10): 1639 – 1649.

[23] Lazarsfeld. Paul F and Herbert Menzel. Mass Media and Personal Influence [A]. Wilbur Schramm (ed.). *The Science of Human Communication* [M]. New York, Basic Books, 1963.

[24] M. Fujita and J-F. Thisse. *Economics of Asslomeration*：*Cities*，*Industrial Location and Regional Growth* ［M］. Cambridge：Cambridge University Press，2002.

[25] Markus, M. L.. Toward a "critical mass" theory of interactive media ［J］. *Communication Research*，1987，14（5）：491−511.

[26] Matsuyama，K. Increasing Returns，Industrialization，and Indeterminacy of Equilibrium ［J］. *Quarterly Journal of Economics*，1991，106（2）：617−650.

[27] Marshall，A. *Principles of economics* ［M］. London：Macmillan（8th ed.），1930.

[28] Mark，& Roland Soong. Threshold models of diffusion and collective behavior ［J］. *The Journal of Mathematical Sociology*，1982，9（3）：165−179.

[29] Menzel，H.，& Katz，E.. Social Relations and Innovation in the Medical Profession：The Epidemiology of a New Drug ［J］. *The Public Opinion Quarterly*，1955，19（4）：337−352.

[30] Niehoff，A. Theravada buddhism-a vehicle for technical change ［J］. *Human Organization*，1964，23（2）：108−112.

[31] Paul M. Romer. Increasing Returns and Long Run Growth ［J］. *Journal of Political Economy*，1986，94（5）.

[32] Paul R. Krugman. Increasing Returns and Economic Geography ［J］. *Journal of Political Economy*，1991，99（6）.

[33] Porter，M. *The Competitive Advantage of Nations* ［M］. the Free Press，1990.

[34] Porter，M. Location，Competition，and Economic development：Local clusters in a global economy ［J］. *Economic Development Quarterly*，2000（14）：15−20.

［35］Ryan, B., & Gross, N. C.. The diffusion of hybrid seed corn in two iowa communities ［J］. *Rural Social*, 1943, 8（8）: 15－24.

［36］Rogers, E. M.. Communication strategies for family planning ［J］. *Social Service Review*, 1975, 4（Volume 49, Number 2）: 393.

［37］Rogers, E. M., & Svenning, L.. Modernization among peasants: the impact of communication ［J］. *Social Forces*, 1970, 49（2）: 342.

［38］Roshwalb, I. Personal influence: the part played by people in the flow of mass communications ［J］. *American Journal of Sociology*, 1956, 21（Volume 62, Number 1）: 1583.

［39］W. Brian Arthur. *Increasing Returns and Path Dependence in the Economy* ［M］. The University of Michigan Press, 1994.